中国共同富裕研究文库·学术研究

中国企业出口与工资溢价动态发展研究

丁　宁◎著

RESEARCH ON THE DYNAMIC DEVELOPMENT OF

CHINESE ENTERPRISES' EXPORT AND WAGE PREMIUM

ZHEJIANG UNIVERSITY PRESS
浙江大学出版社

总　序

在全面建设社会主义现代化国家、向着第二个百年奋斗目标迈进的新征程中，扎实推进共同富裕是重大战略任务。党的十九大报告提出，到21世纪中叶，“全体人民共同富裕基本实现，我国人民将享有更加幸福安康的生活”[①]。党的十九届六中全会进一步提出，要“立足新发展阶段、贯彻新发展理念、构建新发展格局、推动高质量发展，全面深化改革开放，促进共同富裕”，“协同推进人民富裕、国家强盛、中国美丽”。[②] 完成这样的战略任务，需要就共同富裕涉及的一系列重大问题，就理论与实践的结合做出符合我国实际的回答。由嘉兴学院中国共同富裕研究院与浙江大学出版社共同策划的以共同富裕为主题的综合文库的出版发行，适应了时代和实践发展的需求，是极具意义的事情。我们向文库的出版表示热烈祝贺！向为文库出版做出贡献的学者们和出版社的同志们表示衷心的感谢！

共同富裕是马克思主义的一个基本目标，也是自古以来我国人民的一个基本理想，是中国共产党自成立以来团结带领人民矢志不渝艰苦奋斗的基本希望。在新民主主义革命时期，中国共产党团结带领人民，经过艰苦卓绝的反对帝国主义、封建主义、官僚资本主义，争取民族独立、人民解放的斗争，取得革命的胜利，建立了新中国，为实现国家繁荣富强和全体人民共同富裕创造了根本社会条件。在社会主义革命和建设时期，经过艰苦奋斗，实现了从新民主主义到社会主义的转变，建立了社会主义制度，为实现中华民族伟大复兴和共同富裕奠定了根本政治前提与制度基础。在改革开放和社会主义现代化建设新时期，经过艰辛探索，打破传统体制束缚，推动解放和

---

① 习近平：《决胜全面建成小康社会　夺取新时代中国特色社会主义伟大胜利——在中国共产党第十九次全国代表大会上的报告（2017年10月18日）》，《人民日报》2017年10月28日。

② 《中共中央关于党的百年奋斗重大成就和历史经验的决议》，《人民日报》2021年11月17日。

发展社会生产力，创造了改革开放和社会主义现代化建设的伟大成就，实现了从高度集中的计划经济体制到充满活力的社会主义市场经济体制、从封闭半封闭到全方位开放的历史性转变，实现了从生产力相对落后的状况到经济总量跃居世界第二的历史性突破，实现了人民生活从温饱不足到总体小康、奔向全面小康的历史性跨越，推进了中华民族从“站起来”到“富起来”的伟大飞跃。

党的十八大以来，以习近平同志为核心的党中央将实现全体人民共同富裕摆在更加重要的位置上，采取有力措施保障和改善民生，带领人民打赢脱贫攻坚战，全面建成小康社会，创造了世所罕见的经济快速发展奇迹和社会长期稳定奇迹，为促进共同富裕创造了更加良好的条件。2021 年，国内生产总值达到 114 万亿元，人均生产总值超过 1.25 万美元，超过世界平均水平。在实现共同富裕的实践奋斗中，习近平总书记指出：“共同富裕是社会主义的本质要求，是人民群众的共同期盼。我们推动经济社会发展，归根结底是要实现全体人民共同富裕”①，“共同富裕本身就是社会主义现代化的一个重要目标。我们要始终把满足人民对美好生活的新期待作为发展的出发点和落脚点，在实现现代化过程中不断地、逐步地解决好这个问题”②。“共同富裕是全体人民的富裕，是人民群众物质生活和精神生活都富裕，不是少数人的富裕，也不是整齐划一的平均主义，要分阶段促进共同富裕。”③“实现共同富裕不仅是经济问题，而且是关系党的执政基础的重大政治问题。我们决不能允许贫富差距越来越大、穷者愈穷富者愈富，决不能在富的人和穷的人之间出现一道不可逾越的鸿沟。”④这些主张，标志着中国共产党对共同富裕的认识达到了更高的理论高度。

但要看到，逐步实现全体人民共同富裕，也面临发展不平衡不充分的挑战：地区、城乡居民收入差距和城乡居民内部收入差距需要进一步缩小，中等收入群体需要进一步扩大，教育、卫生、社会保障等领域需要进一步实现

① 《习近平：关于〈中共中央关于制定国民经济和社会发展第十四个五年规划和二〇三五年远景目标的建议〉的说明》，《人民日报》2020 年 11 月 4 日。

② 《习近平在中共中央政治局第二十七次集体学习时强调完整准确全面贯彻新发展理念确保“十四五”时期我国发展开好局起好步》，《人民日报》2021 年 1 月 30 日。

③ 《习近平主持召开中央财经委员会第十次会议强调在高质量发展中促进共同富裕 统筹做好重大金融风险防范化解工作》，《人民日报》2021 年 8 月 18 日。

④ 习近平：《把握新发展阶段，贯彻新发展理念，构建新发展格局》，《求是》2021 年第 9 期。

社会公平，特别是受新冠肺炎疫情冲击和外部环境影响，当前经济发展还面临需求收缩、供给冲击、预期转弱三重压力。这说明，扎实推进共同富裕是一项长期任务。在新的征程上，要逐步实现全体人民共同富裕，更好满足人民日益增长的美好生活需要，必须进一步推动经济高质量发展，全面深化改革，付出更为巨大的努力。

必须进一步推动经济高质量发展。发展是解决一切问题的基础和关键，没有高质量发展，就不可能实现共同富裕。因此，要坚持以人民为中心的发展思想，坚持以经济建设为中心，贯彻新发展理念，大力发展生产力，以现代经济的高质量发展促进共同富裕。实现高质量发展，一要大力推动创新，包括科技创新、制度创新、理论创新和文化创新等，着力解决发展不充分的问题。二要大力调整结构，着力解决发展不平衡的问题。调整区域结构，实施区域重大战略和区域协调发展战略，解决区域发展不平衡问题，缩小地区差距；调整产业结构，解决产业不平衡问题，促进三次产业协调发展；调整城乡结构，实施乡村振兴战略，推动"四化"同步，推动城乡协调发展，缩小城乡差距。三要大力推进绿色发展，加强环境保护，建设生态文明。加强生态环境综合治理和生态保护修复，持续改善生态环境；发展低碳经济，全面提高资源利用效率，稳步推进碳达峰、碳中和；促进人与自然和谐共生，在绿色发展中实现高质量发展。四要大力进行开放发展。抓住全面建设社会主义现代化国家新阶段和世界百年未有之大变局的新机遇，构建以国内大循环为主、国内国际双循环相互促进的新发展格局；构建对外开放新体制；构建人类命运共同体。五要大力促进共享发展。坚持全民共享、全面共享、共建共享、渐进共享。

同时要全面深化改革，为扎实推进共同富裕提供强大动力和制度保证。一要在改革实践中坚持和完善社会主义基本经济制度。坚持公有制为主体、多种所有制经济共同发展，毫不动摇地巩固和发展公有制经济，毫不动摇地鼓励支持引导非公有制经济的发展；坚持按劳分配为主体、多种分配方式并存，允许鼓励支持一部分地区和个人靠诚实劳动和合法经营先富起来，先富起来的地区和个人要带动相对落后的地区和个人，实现共同富裕；坚持社会主义市场经济体制，充分发挥市场在资源配置中的决定性作用，更好发挥政府作用。二要深化企业改革。企业是最主要的市场主体，既是实现经济高质量发展的主力军，也是通过初次分配"分好蛋糕"，扎实推动共同富裕的主力军。据国家市场监督管理总局统计，至2021年底，在我国1.54亿户市场主体中，企业有4842.3万户。这些企业的效益如何、初次分配如何，对实现高质量发展和共同富裕至关重要。企业改革要分类进行，但要坚持建立和完善中国特色社会主义现代企业制度的共同目标，着力探索公有制为主体、多种所有制经济共同发展的实现形式，培育社会主义市场经济具有活力和创造力的市场主体。在努力提高企业效益的基础上，坚持效率与公平统一的原则，处理好初次分配关系，处理好资本与劳动的分配关系。三要深化宏观领域改革，更好发挥政府作用。加强科学宏观政策调节，合理调节城乡、区域、不同群体间分配关系。构建初次分配、再分配、三次分配协调配套的基础性制度安排，鼓励高收入人群和企业更多回报社会。加大税收、社保、转移支付等调节力度并提高精准性，增加低收入群体收入，扩大中等收入群体比重。建立全国统一大市场，完善要素市场，规范市场秩序，充分发挥价格、供求、竞争等市场机制的调节作用。整顿收入分配秩序，坚决取缔非法收入，依法保护合法收入，合理调节过高收入，促进社会公平正义。四要深化社会保障制度改革。建立科学的公共政策体系，促进基本公共服务均等化，不断提升公共服务水平，着力解决人民群众普遍关心关注的民生问题。要尽力而为量力而行，形成人人享有的合理分配格局。重点加强基础性、普惠性、兜底性民生保障建设，为人民提高受教育程度、增强发展能力创造更加普惠公平的条件，给更多人创造致富机会，形成人人参与的发展环境。完善养老和医疗保障体系、兜底救助体系、住房供应和保障体系。五要全面深化供给侧结构性改革。提高发展的平衡性、协调性、包容性，增强区域发展的平衡性，强化行业发展的协调性。尤其要在全面脱贫基础上，巩固拓展脱贫攻坚成果，全面推进乡村振兴，千方百计增加农民的收入，加强农村基础设施和公共服务体系建设，改善农村人居环境，促进农民农村共同富裕，以缩小城乡收入差距。六要深化上层建筑领域改革，促进全体人民精神生活共同富裕。培育和践行社会主义核心价值观，深化群众性精神文明创建。繁荣新闻出版、广播影视、文学艺术、哲学社会科学和档案等事业，不断满足人民群众多样化、多层次、多方面的精神文化需求。

浙江，是中国革命红船起航地、改革开放先行地、习近平新时代中国特色社会主义思想重要萌发地。2021年5月，中央赋予浙江高质量发展建设共同富裕示范区、率先破解共同富裕普遍性难题和创新共同富裕体制机制的光荣使命，这是习近平总书记亲自谋划、亲自定题、亲自部署、亲自推动的重大战略决策，既体现了党中央对浙江的高度信任，也寄托了全国人民的殷切期望。

嘉兴学院，是中国革命红船旁的百年红色学府，时刻牢记习近平总书记“努力把学校办成一所有特色、善创新的综合性大学”的殷切嘱托，大力弘扬伟大建党精神、红船精神，自觉扛起总结共同富裕实践经验和推进理论创新的使命担当。2021 年 3 月，嘉兴学院联合省市相关政府部门组建中国共同富裕研究院，构建集共富论坛、共富讲堂、共富宣讲团、共富案例库、共富数据库于一体的“共同富裕＋”研究和活动矩阵，努力打造宣传中国共同富裕思想创新、理论创新和实践创新的重要阵地，奋力建设展示浙江高质量发展建设共同富裕示范区重要成效的“重要窗口”。嘉兴学院中国共同富裕研究院成立虽然时间不长，但已经得到学界、政界、社会和媒体的广泛支持，取得了阶段性的系列重要成果，正在产生共同富裕研究的广泛社会影响。

“中国共同富裕研究文库”是嘉兴学院中国共同富裕研究院与浙江大学出版社共同策划出版的共同富裕主题综合文库，包括学术研究、典型案例、发展报告、指数分析、名家谈、青年说等系列，内容丰富，分量厚重，意义深远。立时代之潮头，通古今之变化，发思想之先声，积极为党和人民述学立论，既是责任，更是担当。热切地期望，该文库的出版能够以多角度、多维度、多层次的理论创新，为浙江高质量发展建设共同富裕示范区和全国扎实推进共同富裕，提供思想、理论和智力支持。

实践在发展，时代在前进。在社会主义现代化建设和实现共同富裕的征程中，必定会出现许多新情况，面临许多新问题，让我们紧跟实践发展和时代前进的步伐，探索不止，创新不止，为建成社会主义现代化强国、实现中华民族伟大复兴贡献智慧和力量！

逄锦聚　南开大学讲席教授

嘉兴学院中国共同富裕研究院学术委员会主任

2022 年 5 月 1 日

前　言

共同富裕是社会主义的本质要求，是中国式现代化的重要特征。扎实推进共同富裕，前提和基础是发展，关键和路径是共享。无论是发展，还是共享，企业作为微观经济主体，都发挥关键作用。

20世纪90年代以来，伴随着企业数据的可获得性提高，大量文献比较了出口企业与非出口企业的主要特征。研究发现：出口企业不仅生产率普遍高于非出口企业，而且员工的工资水平也普遍高于非出口企业。出口企业的“工资溢价”现象引起了学术界的广泛关注，成为国际贸易影响收入分配相关研究的新热点。近年来，大量文献运用微观数据检验了出口对企业工资溢价的影响，但是对出口导致企业工资溢价的机理研究则相对寥寥。基于此，本书从工资的决定问题入手，分别从企业、劳动者、双方的相互影响三个方面考察了出口对企业工资溢价的作用机制，并依次总结为企业生产率机制、劳动力构成机制及租金分享机制，力求为解释出口企业工资溢价的成因提供新思路。揭示出口对企业工资的影响过程不仅有助于鼓励更多企业“走出去”享受出口红利，也有助于政府从贸易视角制定相关政策，进而为缩小劳动者之间的收入差距、优化行业内部资源配置、维护社会稳定发展、从贸易视角促进共同富裕提出了一定的借鉴与思考。

全书包括五个部分：第一部分对应第一章至第三章为理论分析。以企业异质性理论和非完全竞争劳动力市场理论为基础，分别推导了出口、企业生产率与工资溢价的关系，出口、劳动力构成与工资溢价的关系以及出口、工人集体议价能力与工资溢价的关系。第二部分到第四部分对应第四、五、六章是实证分析。结合中国工业企业与中国海关的联合数据依次检验了理论部分提出的三个作用机制。第二部分对应第四章主要介绍了在控制企业特征变量后，出口对企业工资的影响。考虑到可能的异方差与内生性问题，具体分析中采用了分位数回归与倾向评分匹配估计。在得到出口显著提升工资的结果后，进一步进行了这一过程的全要素生产率机制检验，并比较了不同生产规模、技术类型、续存时间、行业类别和企业性质的出口企业工资溢价情况。第三部分对应第五章在同时控制企业与劳动力特征变量后，运用企业微观数据、劳动力微观数据以及海关数据检验了出口对企业工资的影响。具体分析中采用了分位数回归与倾向评分匹配法。在仍然得到显著结果的前提下，进一步验证了出口企业工资溢价的劳动力构成机制，并比较了不同学历、不同生产经验和不同性别劳动者的出口企业工资溢价差距。第四部分对应第六章首先构建模型对企业工人的集体议价能力进行测度。然后利用微观数据实证检验出口对工人集体议价能力的影响，具体分析中采用了面板工具变量法。最后验证了出口对企业工资溢价的租金分享机制。本书的第五部分对应第七章是对全书内容的概括与总结，并从贸易升级、产业升级、人才引进与优化等方面提出相关的政策建议。

本书的主要结论有：第一，出口企业的生产率水平高于非出口企业；出口企业的劳动力资源也优于非出口企业，因此出口企业具有比非出口企业更高的工资水平。第二，出口企业的工资溢价并非全然取决于相对优质的外在条件。从企业内部来看，出口有助于劳动者在与企业进行利润分割方面获得更多的“租金”，于是劳动收入占比有所提高。第三，企业生产率、劳动力构成与工人集体议价能力在出口提高企业工资的过程中具有中介效应。第四，基于企业异质性的研究结果显示，在规模较大的企业、技术密集型企业、存续时间较长的企业、高技术行业中的企业以及公有类型企业中，出口对工资的影响相对显著。第五，基于劳动力异质性的研究结果显示，出口对高学历工人、工作经验更丰富的工人以及男性工人的工资影响相对更显著。第六，出口可以显著地提高企业工人的集体议价能力，其中在公有类型企业、高技术行业的企业、重工型企业中，出口对工人集体议价能力的影响程度更加显著。因此出口不仅带来了企业层面的福利改善，更在一定意义上起到了缓和劳资关系的作用。

目　录

第一章 | 导　论　/ 1
第一节　研究背景与意义　/ 3
第二节　重要概念界定　/ 9
第三节　研究思路与研究方法　/ 10
第四节　拟解决的关键问题与可能的创新点　/ 14

第二章 | 出口对企业工资溢价影响的文献述评　/ 17
第一节　出口对企业工资溢价影响的理论研究　/ 20
第二节　出口对企业工资溢价影响的经验研究　/ 31
第三节　针对中国问题的相关研究　/ 38

第三章 | 出口对企业工资溢价影响的理论分析　/ 45
第一节　出口对企业工资溢价影响的生产率机制　/ 47
第二节　出口对企业工资溢价影响的劳动力构成机制　/ 55
第三节　出口对企业工资溢价影响的租金分享机制　/ 62
第四节　本章小结　/ 68

第四章 | 出口对工资溢价的影响:基于生产率机制的实证检验　/ 71
第一节　出口企业工资溢价的“典型事实”　/ 74
第二节　出口与企业工资溢价的实证检验　/ 79
第三节　内生性问题与倾向评分匹配　/ 87
第四节　机制检验与扩展分析　/ 92

第五节 本章小结 / 102

第五章 | 出口与工资溢价:基于劳动力构成机制的实证检验 /105

第一节 数据来源与描述性统计 / 107

第二节 回归方程设计与结果分析 / 111

第三节 内生性问题处理与倾向评分匹配 / 120

第四节 机制检验和扩展分析 / 123

第五节 出口与企业内工资溢价 / 128

第六节 本章小结 / 141

第六章 | 出口与工资溢价:基于租金分享机制的实证检验 / 145

第一节 企业工人集体议价能力的测度 / 147

第二节 出口对工人集体议价能力影响的实证检验 / 150

第三节 机制检验 / 163

第四节 本章小结 / 168

第七章 | 主要结论、政策启示与研究展望 / 171

第一节 主要结论 / 173

第二节 政策启示 / 177

第三节 研究展望 / 180

参考文献 / 182

后　记 / 204

第一章　导　论

第一节 研究背景与意义

一、研究背景

(一)中国对外贸易快速发展

改革开放40多年来,中国作为世界上最大的发展中国家,在经济改革与贸易自由化方面取得了举世瞩目的成绩。尤其是在加入WTO以后,中国加快了融入世界经济一体化的步伐,迎来了高速发展的新时段。对外贸易发展表现出前所未有的爆发力,成为改变中国贫穷落后面貌、加快现代化建设、促进经济发展和提高综合国力的重要因素。

1.进出口贸易总额高速增长

图1-1反映了1979年到2018年的中国货物贸易进出口总额变化情况。[①] 1979年中国货物贸易进出口总额为206.4亿元人民币,到了2018年首次突破30万亿元人民币大关,达到30.505万亿元。在全球进出口贸易中占比也从0.77%上升到11.48%;贸易规模排名由第30位上升至第1位。出口贸易总额年均增长率为15%,在全球货物贸易出口中的比重也从0.75%上升到12.77%,出口规模连续9年稳居世界首位。进口总额年均增长率为14.1%,在全球进口总额中的占比从0.8%上升到10.21%,连续9年稳居世界第2位。从1978年到2007年,进出口年均增速达到17.4%,从世界排名第30位飞跃到世界第3位。自2008年金融危机爆发以来,从2008年到2018年,中国对外贸易进出口年均增速为5.4%,较之前的增速明显放缓。中国目前虽然是全球贸易的第一大国,但由于贸易环境的波动性加剧,近10年已经出现了连续3年的进出口同比下降。在贸易总量下降的同时,贸易质量和效益却呈现出可喜的新变化。2020年1月14日,中国海关总署公布了2019年中国外贸进出口情况。货物贸易进出口总额为31.54

① 数据来源:海关数据网(http://www.hgsj.com/index.html)。

万亿元人民币，同比增长了3.4%。其中，出口总额为17.23万亿元，增长了5%；进口总额为14.31万亿元，增长了1.6%。在贸易发展的外部环境复杂波动，全球经济增速持续降低的背景下，中国的对外贸易却保持了稳中有进的发展态势。

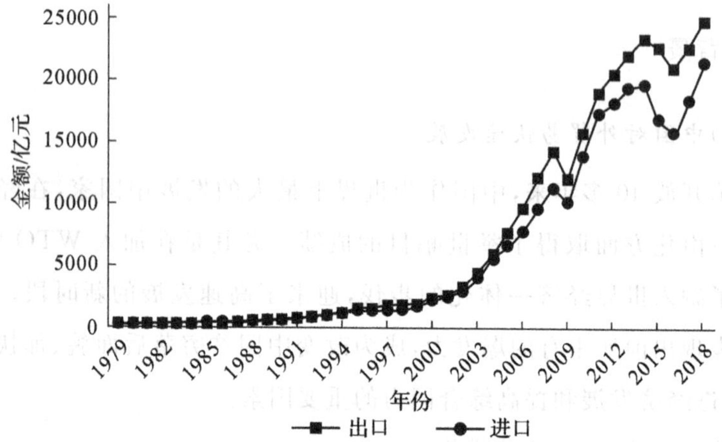

图1-1　1979—2018年中国货物进出口总额

2.贸易结构逐渐趋于正常化、合理化

出口方式包括一般贸易、加工贸易及其他贸易。从20世纪90年代开始，国内企业更多地扮演了加工基地的角色，产品附加值低、生产率水平低下。加工贸易是中国出口扩张的最主要方式，加工贸易比重过高一度是中国贸易结构不合理的突出表现。例如1996年中国加工贸易总额占全部出口总额的55.83%，占到整个出口贸易的一半以上；1999年更达到迄今为止的最高比重56.88%。Feenstra和Hanson(1996)的研究指出：产品组装基本上不会带来新的价值增值，来料加工和进料加工的出口增值率都非常低，从事加工贸易的国内企业仅能赚取极低的加工费用，无法在出口过程中实现生产率的实质性提升。显然，加工贸易比重过大不利于中国出口结构优化与工业发展。近年来，万亿美元，占全部进出口总额的61.82%；加工贸易总额为0.8万亿美元，在进出口贸易总额中占比34.79%。可随着中国工业实力的不断增强，工业企业制造能力得到了显著提升，生产效率提升使加工贸易比重逐步下降。2010年，一般贸易出口份额首次超越加工贸易，在此之后始终居于主导地位。图1-2列举了2007年至2018年的三大贸易出口总

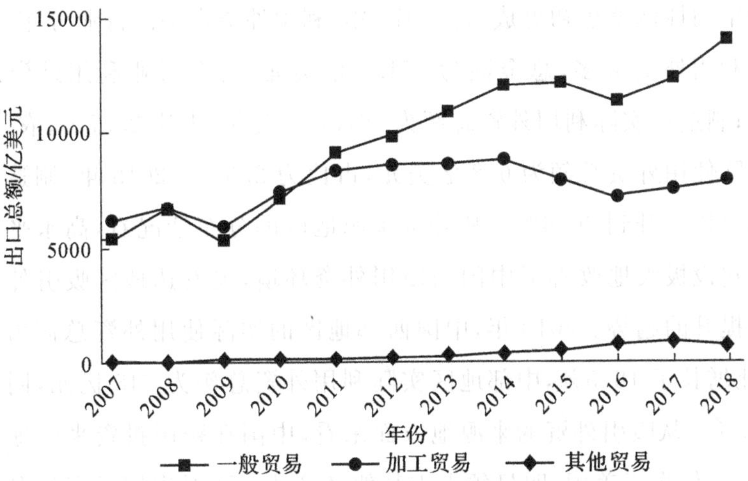

图 1-2 2007—2018 年三大贸易出口总额

额变化情况①，从中可见：除了其他贸易的比重多年变化不大，一般贸易增长最快，加工贸易增速逐渐下降。根据 2018 年中国海关的统计结果：一般贸易进出口总额为 1.4 万亿美元，占全部进出口总额的 61.82%；加工贸易总额为 0.8 万亿美元，在进出口贸易总额中占比 34.79%。可见，贸易结构逐渐趋向于正常化、合理化。

3. 吸引外资能力提高，利用外资前景向好

进入 2000 年以来，中国在利用外资方面表现出来总的特点是“量稳质优”。图 1-3 反映了 2003 年到 2017 年中国历年利用外资总额及其增长率。②从图中可以看出，实际利用外资总体呈现出上升的趋势。自 2010 年之后，利用外资的增长速度开始趋于减缓。特别是到了 2012 年，中国实际利用外资水平突然大幅下降，背后的原因主要在于当时对中国境内投资最多的日本与新加坡，由于经济、政治等方面的因素，把大部分资金转向了其他国家。此后的连续 3 年，国内吸引外资规模又逐渐回升。2015 年和 2016 年，中国吸引外资规模再次大幅下降。2017 年以后，随着世界经济形势总体复苏、国际贸易环境变好，吸引外资才恢复了高速增长。除总量变化之外，中国利用

① 数据来源：前瞻数据库(https://d.qianzhan.com/xdatalistxCxl2y0xw.html)。

② 数据来源：海关数据网(http://www.hgsj.com/index.html)。

外资的结构性调整也初见成效。2017 年,利用外资水平的行业分布是:服务业实际利用外资最多,总金额为 871.7 亿美元,占全行业利用外资总额的 72.7%;制造业实际利用外资总额为 307.7 亿美元,占比 25.7%;农、林、牧、渔业实际使用外资总额为 6.8 亿美元,占比为 2.6%。2018 年,制造业利用外资的占比上升到 30.6%。从外资来源地区的分布情况看,高水平自由贸易网络建设极大地改善了中国的使用外资环境,欠发达地区吸引外资规模有显著提升的趋势。2018 年,中国西部地区的实际使用外资总额为 646 亿元,同比增长了 18.5%,中部地区实际利用外资总额为 648 亿元,同比增长了 15.4%。从吸引外资的来源地方面来看,中国在跨国投资来源地中排名世界第二,仅次于美国,明显领先于其他经济体。而对中国投资排名前八的国家分别为:新加坡、韩国、美国、日本、荷兰、德国、英国、丹麦。

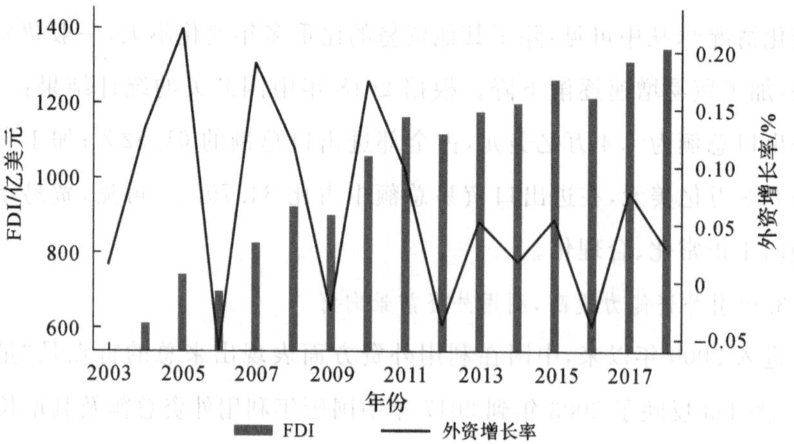

图 1-3　2003—2018 年中国利用外资总额及其增长率

注:FDI(foreign direct investment)表示外商直接投资。

综上所述,对外贸易发展迅速,为中国经济崛起做出了卓越贡献。自加入 WTO 以来,由于汇率改革、外贸经营权改革及减税等一系列有力举措的出台,中国企业的出口门槛已经大大降低,释放出增长方面的规模经济效益。然而,与出口企业在经济方面的良好表现形成对比的是:出口企业与非出口企业之间的工资差距有持续扩大的趋势。

(二)出口带来了企业层面工资差距的不断扩大

伴随着中国参与经济全球化程度的不断加深,外资进入、出口贸易与国际竞争都对中国出口企业的发展带来重要影响。表 1-1 给出了中国制造业中出口企业与非出口企业的基本特征对比,选取了企业固定资产原值、劳动生产率、利润水平、销售收入及工资福利、从业人数 6 个指标,依次计算出口企业与非出口企业每一年份下该指标的平均值之比。计算结果表明:在所考察的年份里,除了个别年份的劳动生产率比值小于 1,出口企业的各项指标均显著优于非出口企业。其中最明显的是企业利润水平,出口企业高出非出口企业近 3 倍。在员工工资与福利方面,出口企业也显著高于非出口企业。特别在 2011 年到 2013 年,出口企业工资水平高于非出口企业工资水平的幅度均在 60%以上。上述基本特征的对比结果表明:出口企业在企业生产率、生产规模、盈利程度、就业人数、工资与福利等各个方面的表现都显著优于非出口企业。就出口的收入分配效应方面看,出口企业工资水平明显高于非出口企业。

表 1-1 出口与非出口企业基本特征对比

出口/非出口特征指标比值	2000 年	2001 年	2002 年	2003 年	2004 年	2005 年	2006 年	2007 年	2011 年	2012 年	2013 年
固定资产原值	1.465	1.534	1.424	1.447	1.410	1.502	1.545	1.605	1.627	1.444	1.412
劳动生产率	1.047	0.985	0.996	1.028	1.055	0.964	0.966	0.973	1.589	1.475	1.660
利润水平	3.395	2.881	2.843	3.045	3.271	2.910	2.822	2.812	1.760	1.722	1.491
销售收入	2.473	2.385	2.311	2.457	2.474	2.448	2.514	2.574	1.698	1.572	1.522
工资福利	1.232	1.028	1.194	1.181	1.126	1.131	1.122	1.131	1.750	1.680	1.629
从业人数	1.097	1.148	1.163	1.234	1.437	1.403	1.470	1.394	1.528	1.525	1.389

数据来源:2000—2013 年中国工业企业数据库,其中 2008—2010 年度数据无工资指标。

二、研究意义

第一,有助于理解出口在改善企业员工福利方面发挥的作用。大量实证研究表明:中国出口企业的工资水平普遍高于非出口企业,这说明本国企业在对外贸易中获得了“出口红利”,鼓励更多企业走出国门是明智的举措。但是,并非所有企业都有条件走向国际市场,也并非所有出口企业都可以获得出口福利。因为,当企业处于不同行业、不同地区、不同所有制与贸易类型的时候,出口对企业工资的影响程度是不一样的。即使是在同一企业内部,出口对不同性别、年龄、生产经验、技能层次、受教育程度的劳动者工资影响都不一样。因此,分析出口对企业工资的影响有助于了解什么样的企业或劳动者更容易获得出口红利。这对缩小企业员工之间的工资差距,制定合理的贸易政策与产业政策,均具有十分重要的现实意义。

第二,有助于理解出口对企业工资影响的中间渠道,制定合理的贸易政策、产业政策与人才发展政策。近年来,虽然大量理论与实证研究探讨了出口对企业工资的影响,但是有关中间渠道和作用机制的研究相对不足。尤其在针对中国企业的相关研究中,学者们运用各类微观数据论证了出口能否为本土企业带来工资溢价。但是在得到显著性的回归结论后,他们很少再继续分析出口通过怎样的过程影响企业工资。实际上,出口对企业工资的影响并非一蹴而就,而是存在多种可能的中间渠道。了解这些中间渠道,就可以有所针对地抓住贸易机遇,制定合理的贸易政策、人才政策与产业政策,促进收入分配中公平与效益的协同发展,保证出口带来的经济效益惠及更多的劳动者群体。

第三,有助于客观评价出口贸易对中国收入分配的真实影响。出口贸易对改革开放以来中国经济增长的贡献功不可没。但是,出口贸易对收入分配的影响相对复杂。就企业层面而言,出口扩大了行业内部企业之间的工资差距,也扩大了企业内部劳动者之间的工资差距。那么,这种收入差距的未来走势会继续扩大还是到了一定时期后会逐渐趋于缩小?应该怎样评价不同劳动者群体在出口贸易中的收入变化?因此有必要深入分析出口影响企业工资的表现、中间渠道等问题。这一研究有助于客观评价出口对劳动者收入状况的影响、出口在收入分配中扮演的角色,进而对促进经济可持续发展、维护社会和谐与稳定具有重要的现实意义。

第二节 重要概念界定

本书的主题是出口对企业工资溢价的影响,在进入正式的分析之前,首先要对核心概念进行界定或说明。

一、企业工资溢价

企业工资溢价的本意是指行业内部不同企业之间由某种特征差异所导致的工资差距。在本书中,出口是影响企业工资水平的关键因素,因此把出口企业与非出口企业之间的工资差距定义为“企业工资溢价”。如无特殊说明,本书中的企业工资溢价就是出口企业工资高于非出口企业的部分。

二、企业特征差异

Bernard 和 Jensen(1995)首次比较了出口企业与非出口企业的各种特征差异,并由此发现了出口企业对非出口企业的工资溢价现象。因此,分析出口对企业工资的影响必须首先排除企业各种特征因素对工资的影响。在本书中,企业特征差异具体包括企业之间在生产率、生产规模、要素密集度、企业创新能力、外资参与程度、利润总额、负债程度等方面的差异。

三、劳动力特征差异

Halic 等(2012)认为劳动力特征差异是人与人之间的原生差别(如年龄、性别、出身背景、身体素质、大脑机能等)与社会化差别(如知识水平、婚姻状况、工作经历、文化信仰、地域背景、当地习俗、交流方式等)的总和。Dickens 和 Katz(1987)把劳动力特征差异定义为劳动者在知识水平、管理能力、健康素质等方面存在的广泛差异。综合前人的研究结论,在本书中,劳动力特征差异包括劳动者在性别、年龄方面的自然差异以及后天受教育程度、技能等级、工作经验等方面的社会差异。

四、工人集体议价能力

工人集体议价能力是基于“讨价还价”理论，认为企业的劳动方与资本方围绕企业利润分享展开讨价还价的谈判过程。于是，工人获得的利润份额能够反映市场的竞争程度以及工人一方的谈判力量。Mc Donald 和 Solow(1981)最早把上述思想运用到国际贸易收入分配效应的分析中，把企业工人工资分成基本工资与绩效工资两部分，前者相当于行业平均工资，后者取决于工人对企业利润的分享程度。如果这一比例较高，就体现了工人对企业利润具有较强的讨价还价能力，劳动收入的份额也相对较高。借鉴这一思想，本书把工人(劳动方)在企业利润中的分享比例作为工人集体议价能力的代理变量。

第三节　研究思路与研究方法

一、研究思路

出口一方面可以为企业带来更多的工资红利，另一方面又可能导致收入差距扩大化。研究出口对企业工资的影响既可以为国内企业谋求更多的福利，也可以警惕对外开放导致的收入差距扩大化。显然这一主题具有重要的理论与现实意义。但是，现有研究过多地探讨了出口企业工资的影响因素，对工资决定过程却很少触及。不同于已有成果，本书把出口对企业工资的作用机制作为研究重心。分析出口对企业工资的可能影响途径和具体过程。

本书共七章内容。第一章是导论，第二章为文献综述，第三章为出口对企业工资影响三个机制的理论推导，第四章到第六章是结合第三章的理论分析而展开的实证分析，第七章为主要结论与政策建议等。

第二章是文献综述部分，按照先回顾理论后介绍经验成果、先针对国外研究后针对国内研究的顺序，对现有文献进行了梳理。在介绍国外相关理论研究时，分别从企业异质性、劳动力异质性和劳动力市场不完全性三个方面分析了出口对企业工资水平的影响。实证研究也同样基于上述的思路。在介绍针对中国的相关分析时，主要概括总结了相关的实证研究成果，对代表性文献进行了梳理与评论。

第三章为理论模型部分。以企业异质性理论和不完全竞争劳动力市场理论为基础，分别讨论了出口、企业生产率与工资溢价；出口、劳动力构成与工资溢价以及出口、租金分享与工资溢价的关系。得出了三个重要的结论。第一，对比内销企业，出口企业需要支付额外的沉没成本和冰山运输成本，因此出口企业的生产率水平高于非出口企业，进而出口企业的人均工资高于非出口企业。第二，出口能够提高工人进入出口行业的能力门槛，进入出口行业的临界生产能力与进入整个行业的临界生产能力把劳动者分为三个层次：生产能力最高的劳动者向出口企业集中并获得最高工资；生产能力中等的劳动者集中于内销企业并获得低于出口企业的工资水平；而生产能力最低的劳动者将最终失业。第三，企业工人工资差异主要在于绩效工资，其大小取决于企业工人分享企业利润的程度或能力。出口可以提高工人对企业利润的分享程度，令工人获得更多的绩效工资，产生对非出口企业的工资溢价。

第四章从工资决定的需求——企业方面考察出口对企业工资溢价的影响。考虑到可能的异方差与内生性问题，在具体分析中采用了分位数回归、倾向评分匹配等分析方法。另外，为了验证第三章的结论一，运用中介效应模型检验出口、企业生产率与工资之间的相互关系，证实了这一中介效应的显著存在，也指出了中介效应在总效应中的占比情况。

第五章从工资决定的供给——劳动者方面检验出口、劳动力构成与企业工资溢价的关系。为了克服异方差和内生性问题，具体分析时采用了分位数估计、倾向评分匹配等分析方法。然后，为了验证第三章的结论二，运用中介效应模型检验了出口、劳动力构成与企业工资的关系，并讨论了这一中介效应在总效应中的占比情况。最后还讨论了两类企业内工资差距与出口的关系，即企业内性别工资溢价与企业内技能工资溢价随出口的变化情况。

第六章从工资决定的供求双方——租金分享方面检验了出口、租金分享与企业工资溢价的关系。首先构建理论模型推导了工人集体议价能力的测度方法，然后估计出口对企业工人集体议价能力的影响，为了避免内生性问题，采用面板工具变量法进行估计。为了验证第三章的结论三，利用中介效应模型对出口、企业工人集体议价能力与企业工资的关系进行检验，结果显示这一路径显著存在，并指出了该中介效应在总效应中的相对比重。

第七章为研究结论、政策启示与研究展望。该章对前面得到的结论进行归纳、梳理和总结。然后结合相关结论，从贸易升级、产业升级、人才发展、企业发展、激励设计等方面提出有针对性的政策启示。基于上述的研究思路，本书的主要框架结构如图 1-4 所示。

二、研究方法

（一）文献分析法

在大量查阅企业异质性理论中出口与工资溢价相关文献的基础上，对经典与前沿文献的建模过程、主要观点及研究方法进行了系统梳理与归纳。已有的研究成果在学术思想与研究工具上为本书提供了丰富的前期基础与重要启示，在已有研究相对模糊的地方起步正是本书的切入点。此外，由于本选题属于国际经济学与劳动经济学的交叉内容，进行实证分析也需要使用不同的计量方法进行有层次的回归或检验。所以除了国际经济学中的异质性企业理论，本书还大量涉及了劳动经济学、计量经济学、博弈论与信息经济学、高级微观经济学、高级宏观经济学等学科的理论知识。

（二）理论分析法

理论分析主要体现在：(1)从劳动力市场角度拓展了梅里兹模型。标准的梅里兹模型中并没有对工人特点的规定，所以不能直接分析出口对企业工资差距的影响。在生产函数与成本函数中纳入工资、就业量等变量后，找到企业利润与工资以及就业量之间的关系，利用零利润条件与自由进入条件，在封闭与开放经济下的两次均衡过程分析出口对企业工资水平的影响。这一步骤是为出口企业存在较高的工资水平、出口企业内部存在更大的工

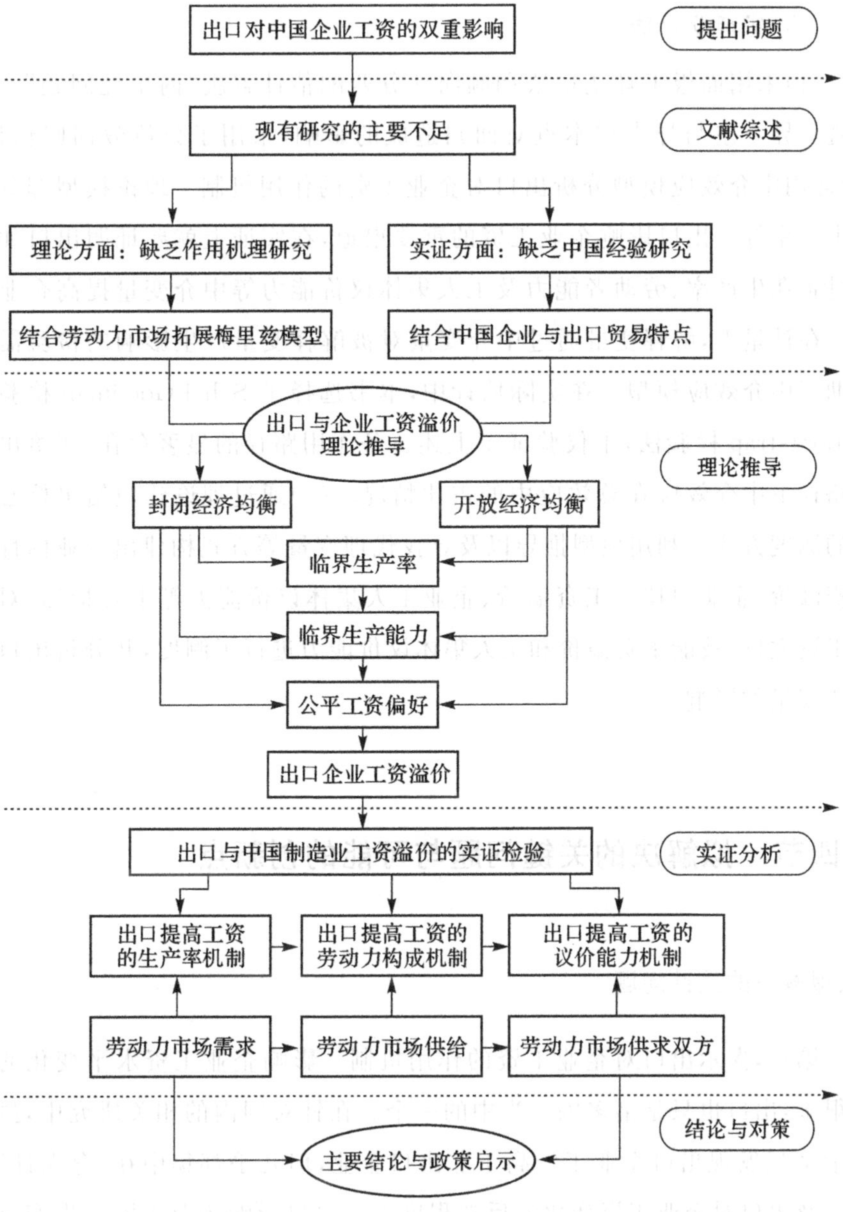

图 1-4　本书的逻辑框架结构

资差距提供理论佐证。(2)推导了出口影响企业工资的三个作用机制。基于企业、劳动力以及企业与劳动力的互动视角，结合梅里兹模型的基本分析框架，推出了出口、生产率与工资溢价；出口、劳动力构成与工资溢价以及出口、劳动者集体议价能力与工资溢价三个作用机制。

（三）实证分析法

（1）采用面板工具变量法和倾向评分匹配估计解决“内生性问题”。为了避免异方差与异常样本点对回归造成的影响，采用了分位数回归估计。（2）运用中介效应模型分析出口对企业工资的作用机制。理论模型部分表明生产率等是出口影响企业工资的重要渠道，在实证上就要证明出口如何通过企业生产率、劳动者能力及工人集体议价能力等中介变量提高企业工资。在计量上，解释变量通过中介变量对被解释变量产生影响的检验需要借助于中介效应模型。在实际估计中，本书选择了 Sobel-Goodman 检验法和 Bootstrap 检验法，不仅验证了上述三条作用路径的显著存在，还给出每一路径下中介效应在总效应中的占比情况。（3）通过理论建模给出核心指标的测度方式。利用模型推导以及寻找代理变量等方式构建出企业内性别工资溢价、企业内技能工资溢价、企业工人集体议价能力等重要指标，对性别工资溢价、技能工资溢价和工人集体议价能力进行了测度，并分析出口对这些变量的影响。

第四节　拟解决的关键问题与可能的创新点

一、拟解决的关键问题

第一，揭示出口对企业工资的作用机制。影响企业工资水平变化的因素很多，出口也只是诸多因素当中的一个。在针对国内的相关研究中，虽然大量文献发现出口企业工资高于非出口企业，但几乎都集中在“存在性”问题以及出口对企业工资变化的反映程度上。出口影响企业工资发生变化并非一蹴而就，而是存在中间的传导因素与传递过程，而且这个过程还存在不同的影响路径。探究这些影响路径，从理论与实证两个方面证明出口对企业工资的作用机制是本书拟解决的核心问题。

第二，有效测度关键变量。本书在分析出口与企业内工资差距关系时，涉及了企业性别工资溢价和企业技能工资溢价。性别工资溢价是指同一企业内部的男性与女性劳动力之间的工资差距;技能工资溢价是指企业内技能劳动者与非技能劳动者之间的工资差距。如何有效测度这些工资差距是实证分析之前必须解决的关键问题。再比如,分析出口对工资影响的租金分享机制涉及了对于工人集体议价能力的测度。工人集体议价能力是一种“讨价还价”的能力,属于交易成本范畴,难以找到直接的代理变量。对其有效测度是分析出口影响企业工资“租金分享”机制的前提。因此,如何对关键变量进行有效测度是本书要解决的重要问题。

第三,克服企业“自我选择”效应造成的模型“内生性”问题。企业出口本身存在自我选择效应和“出口学习”效应,这导致了出口与被解释变量之间常常存在相互作用、相互影响,造成双向因果关系。比如出口会提高企业工资,而支付高工资的企业也更倾向于出口;出口有助于提高企业工人的生产率,而生产率高的企业也更容易出口。这些类似的互相决定关系会导致模型存在内生解释变量,进而造成有偏估计。书中主要采用了两种方法克服内生性问题:一种是通过构造工具变量,采用面板工具变量法代替普通最小二乘法进行回归;另一种是构造随机分组,利用倾向评分匹配方法克服由企业“自选择”造成的内生性问题。

二、可能的创新点

第一,立足于企业工资的决定过程,从劳动力需求(企业)、劳动力供给(工人)及供求双方互动(租金分享)三个方面揭示了出口对企业工资的作用机制:生产率机制、劳动力构成机制及租金分享机制。已有的针对中国企业的相关研究,大多数仅从工资决定的某一个方面入手讨论该主题。譬如有的研究是在控制了企业特征影响因素后分析出口与工资溢价的关系;有的研究是在控制了劳动力特征影响因素后分析出口与企业工资溢价的关系。也有文献关注了出口对企业内部工资谈判过程的影响。与这些文献相比,本书的分析框架相对更加完整,更有利于对出口企业工资溢价问题的全面解读。

第二,提出了出口影响企业工资溢价的三个作用机制,这是本书最核心的创新之处。目前的既有研究聚焦于出口能否带来企业工资溢价、什么样的企业能够获得更多的工资溢价等问题。较少有文章关注出口对企业工资的作用过程。虽然也有文献谈到了出口对企业工资溢价的作用机制,但却没有对此进行专门的提炼归纳和实证检验。鉴于上述,本书并非单纯考虑出口对企业工资水平的直接影响,而是把分析重心放在出口对企业工资溢价的作用机制上:在理论上推导了出口影响企业工资的三个作用机制;在实证方面,运用中国工业企业数据与海关数据进行检验,为理论分析提供了经验支持,提高了分析结果的可信度。本书对作用机制的分析既丰富了现有研究,也为之提供了新的经验证据。

第三,测度出企业工人集体议价能力,以此运用“租金分享”理论解释企业工资溢价。出口企业的工资溢价除了与企业特征差异、劳动者特征差异等外部因素有关,还与企业与劳动者之间的工资谈判过程有关。但是,在针对中国问题的分析中,基于租金分享解释出口对企业工资溢价影响的研究就相对很少了,因为企业层面的工人集体议价能力相对于行业层面更加难于测度。本书通过建立理论模型测度了企业工人集体议价能力,然后以此为中介变量,检验了出口提高企业工资的租金分享机制。这在中国出口贸易与企业工资的相关研究中是相对少见的。

第二章　出口对企业工资溢价影响的文献述评

出口贸易对工资变化的影响研究一直是国际经济学与劳动经济学共同关注的热点问题。企业异质性学说产生之前,相关理论研究立足于国家或行业层面的比较优势和分工模式,讨论了出口对国内要素收益或行业工资变化的影响,这其中最有影响力的学说就是基于新古典贸易理论框架的斯图尔珀-萨缪尔森定理(以下简称"S-S定理"):某一商品相对价格的上升,将导致该商品密集使用的生产要素的实际价格或报酬提高,而另一种生产要素的实际价格或报酬则下降。发达国家的企业多属于资本密集型企业,稀缺要素是劳动力,于是发达国家劳动者的工资差距会随对外贸易的增加而扩大。相反,发展中国家的企业多属于劳动密集型企业,劳动力价格会随对外贸易的增加而相对提升,于是发展中国家劳动者的工资差距会随对外贸易的增加而缩小。可是,20世纪90年代以来的大量实证研究表明:无论是发达国家还是发展中国家,劳动者之间的工资差距都在持续扩大。比如Sinani和Meyer(2004)发现,在埃辛尼亚的制造业企业中出口企业工资高出非出口企业约4倍多。Robert和Hahn(2004)发现,韩国的出口企业工资比非出口企业工资高出约12%。类似的研究还有很多。这其中揭示了两个问题:第一,S-S定理对发展中国家工人工资差距缩小化的预测是错误的;第二,出口贸易对企业层面的工资影响与其对行业或国家层面的工资影响存在不同的规律。伴随着企业异质性学说的出现,国际贸易研究步入"微观化"。进出口贸易对企业收入差距影响的研究也逐渐丰富起来。

最早从企业视角分析工资差距的文献来自Bernard和Jensen(1995),他们运用美国制造业企业1976—1987年的面板数据进行研究发现:在美国只有10%的企业从事出口,但是出口企业的生产规模、劳动生产率、技术与设备、工人工资与福利都明显高于非出口企业。在Bernard等人之后,Aw等(2000)对中国企业、Hasson和Lundin(2003)对瑞典企业的研究都得出了"出口企业具有更高工资"的结论。企业异质性学说产生以后,出口对企业工资影响的相关研究更多了,不仅得到了来自世界各国企业数据的经验支持,相关理论研究也层出不穷。本章在回顾现有经典文献的基础上,详细梳理了针对国外企业与中国企业相关主题的理论与实证研究,梳理并评价相关文献的主要观点,在此基础上对未来研究方向提出展望。

第一节　出口对企业工资溢价影响的理论研究

在新新贸易理论产生之前，传统贸易与新贸易理论的分析停留在行业或国家层面，建构的模型都以企业同质化为基本假定，因而无法解释微观层面更加细致的贸易现象，最典型的就是为什么在同一行业内有的企业从事出口，而有的却仅服务于国内市场呢。事实上，同一行业内部的大量企业存在企业生产率、生产绩效、产品质量、企业规模、员工福利等方面的区别，这就是“企业异质性”。研究企业异质性与国际贸易关系的最经典模型当属梅里兹模型，该模型为研究国际贸易影响微观企业行为提供了理论框架，因此在分析出口对企业工资影响之前，必须先对这一模型的基本思想作简要的介绍，这也是本书理论分析部分的基础框架。

一、梅里兹模型的基本思想

19世纪中叶到20世纪的八九十年代，国际贸易理论发展经历了古典贸易、新古典贸易和新贸易理论三个阶段，它们的共同特点是从国家和产业层面的视角来解释国际贸易问题，比如贸易的起源、贸易结构演变以及贸易对社会福利变化的影响等。相对于传统贸易理论，以赫尔普曼和克鲁格曼为代表的新贸易理论在理论假设与研究方法上有了突破，以不完全竞争市场和规模报酬递增为条件，揭示了二战之后各个国家日益频繁的产业内贸易现象，将国际贸易的理论发展推向了一个新阶段。然而，赫尔普曼和克鲁格曼的理论仍然没有考虑到同一行业下的企业特征差异，所以无法解释更加细微的问题。比如同一产业内部为何有的企业出口，有些却不出口？为何同一产业内部的出口企业工资高于非出口企业？类似这样的问题从新贸易理论中无法得到很好的解释。直到梅里兹模型的出现，产业内贸易问题才得到了很好的解释。

梅里兹模型以供求理论为框架，分别分析了封闭经济和开放经济下企业生产率水平与企业行为选择的关系。消费者对于连续存在的潜在商品具有固定替代弹性的偏好;而企业进入行业前都要面对生产的固定成本以及冲击的不确定性,一旦进入市场就获得了一个生产率水平。如果生产者发现自己的生产率水平太低,就会选择快速地退出行业,反之则继续停留在行业内。在封闭经济条件下,企业的生产率水平由进入市场的固定成本与临界生产率共同决定,而临界生产率由企业零利润条件决定。生产率高于临界生产率的企业可以获得经济利润,低于临界生产率的企业则会退出行业。在开放经济的条件下,企业出口不但要支付一般的固定成本,还要支付为了出口而产生的沉没成本与冰山运输成本,这些都会提高对企业生产率的要求。但是,由于没有进入市场之前,企业的利润期望不变,故而自由进入市场条件保持不变。因此开放经济均衡会提高企业的临界生产率。企业生产率只有高于开放环境下的临界值才能够出口。生产率水平介于封闭条件下临界生产率与开放条件下临界生产率之间的企业,则主要面向国内市场从事内销。生产率水平低于封闭条件下临界生产率的企业,最终会退出行业。根据梅里兹模型可以得出的结论有:出口是企业自我选择的结果,生产率更高的企业倾向于出口,但企业出口以后,出口对企业生产率的继续影响情况并不明朗。出口贸易能够导致企业内资源发生重新配置,虽然有一部分企业退出行业,但留下来的企业却获得了更广阔的发展空间。

二、代表性理论

在梅里兹模型的基础上,学者们结合了企业异质性与劳动异质性中与劳动者相关的部分,如产品质量、技术水平、资本密集度、劳动者技能差异等,以这些作为传导变量解释出口企业工资与非出口企业工资的差异,即出口工资溢价。有所不同的是,有的研究认为高工资是企业出口的重要条件,有的则认为出口企业的高工资是企业出口行为本身导致的必然结果。当劳动力市场的摩擦成本被引入梅里兹模型后,相关研究取得了实质性进展。如果说在此之前,出口工资溢价都被认为是企业或劳动者特征差异所导致的,那么运用摩擦成本解释工资差异则进一步说明:劳动力市场的非完全性也是企业工资的重要决定因素。以下介绍几类代表性理论。

(一)"技能溢价"[①]

有一部分学者认为:在同一企业内部存在着高技能与低技能两类劳动者,如果把高低技能劳动力之比定义为劳动力构成的话,不同企业之间存在着差别化的劳动力构成,由此构成不同企业工资差异的基础。一般而言,企业中高技能劳动力占比越高,该企业的人均工资也会越高。相反,企业中低技能劳动力占比较高的话,企业的平均工资水平就偏低。这类研究的一个共同观点是:出口贸易能够吸引更多的高技能劳动力,拥有更优质的劳动力构成,因此出口企业的人均工资高于非出口企业。这种工资溢价的实质是技能工资溢价。下面介绍几篇代表性文献。

Yeaple(2008)分析了出口对企业技术选择与工人工资的影响,该文假设在进入市场之前,企业都是同质的;进入市场以后,企业将会面临高、低两种技术选择以及相应的工人选择。作者首先根据设定的生产产品技术层次需求,相应地给出了工人能力的两个临界值水平,进而把工人分为高、中、低三个层次的技能劳动力,劳动力异质性由此产生。研究得出的基本结论是:由于生产技术的需求层次,出口企业雇用了更多的高技能劳动力,拥有最优质的劳动力构成,支付给工人的技能工资也就最高。如果贸易的可变成本下降的话,更多企业会选择先进技术进行生产,这将使出口企业的工资水平有进一步提高的趋势。

Bustos(2011)认为出口促进了企业对高技术的自选择效应。他的研究假定劳动力市场是完全竞争的,但工人被区分为高技能工人与低技能工人。于是,企业面临着两种技术选择:高技术与低技术。选择高技术生产面临的固定成本会相对较高,但可变成本相对较低。选择低技术企业生产的行业情况则完全相反。这篇文章的特别之处在于对于生产率门槛的设定,认为使用先进技术需要的生产率下限值超过企业出口的临界生产率。因此,出口企业中一部分选择了高技术,另一部分则选择了低技术;而非出口企业全

① Autor 等(1998)的研究发现:技能劳动报酬与高学历者的规模成正比。Acemoglu(2003)认为:国际贸易和经济全球化会提高对技能或技术密集型产品的需求,引发技术进步技能偏向性和技能工资溢价。此处,在企业层面也出现了高技术人才向出口企业聚集并导致了出口企业高工资,因此把这类观点的文献归纳为"技能溢价"。

部都是低技术企业。可见出口企业对非出口企业存在显著的技术溢价。Bustos(2011)还再次强调出口企业更加倾向于运用有偏的高技术,从而导致对非出口企业的技能溢价。

Verhoogen(2008)从产品质量升级的视角解释了出口企业与非出口企业之间的工资溢价。该文认为:对于发展中国家而言,为了更好地吸引发达国家的消费者,扩大出口规模,出口企业应该提升出口产品质量,因此需要雇佣更多的高技术工人进行生产,从而扩大了与非出口企业之间的工资差距。在这里不难看出,以产品质量作为传递变量的分析最终仍归结为出口企业具有较高的劳动力构成。所以出口企业工人获得的工资溢价也仍然被理解为技能溢价。类似地,Lechthaler 和 Mileva(2019)引入劳动力异质性假设,认为贸易自由化无论长期还是短期都会带来工资差距,而长期的工资差距是技能溢价所引起的。

(二)"出口中学"

"出口中学"最早来自美国学者阿罗(Arrow,1962)提出的"干中学"理论。20 世纪 50 年代,学者们发现经济增长并不仅仅依靠人均资本增加,还需要依靠技术进步。但在当时分析经济增长的文献中,"技术进步"都被假定为外生变量,因此也就无法了解技术进步对经济增长的确切影响。阿罗在"'干中学'的含义"这篇开创性的论文中构建了一个理论模型,首次把技术作为人均产出函数的内生变量。根据他的观点,技术并非外生决定的,而是由生产者在"学习"中获得的,而学习又是以往经验累积的结果。因此"干"得越多,经验就越多,人均产出也就越多。这一模型指出了技术进步与产出水平之间的内在联系,为后面发展出来的内生增长模型提供了重要的理论基础。

"出口中学"是把"干中学"的思想融入企业的出口贸易中,认为发展中国家的企业参与到全球出口市场后,便存在接触发达国家先进的生产制造、科研开发和管理方式的机遇,直接或间接地积累了很多经验,促进了自身生产率的提高。现有观点把"出口中学"归纳为三种途径:第一,利用出口对技术的扩散作用(Westphal et al, 1984)。这类观点认为出口厂商通过和国外相关厂商或消费者的交往,为出口企业提供改进技术、提升产品质量、降低成本等方面的信息。利用这种出口过程中的学习效应获得了技术水平提升，进而获得了更高的生产率水平。第二，通过购买国外产品获得更新的技术或专利。Evenson 和 Westphal(1995)指出，国内出口企业通过购买国外商品获取了大量的产品信息，共享到产品设计与技术支持，借助于产品的技术外溢效应提升了本国企业的技术水平，实现科技进步。第三，通过与国外市场同类企业的激烈竞争，促使本国出口企业生产率提升、推动技术创新。Holmes 等(1996)认为：在出口市场更加激烈的竞争状况下，出口企业为了获得创新回报，将在企业生产创新方面有自我加强的趋势。于是，出口企业在进入国际市场后，普遍可以通过“出口中学”提高劳动生产率，利用国外技术的外溢效应获得更多的企业利润，由此产生对非出口企业的工资溢价。下面介绍几篇代表性文献。

Anwar 和 Sun(2012)的研究认为，在贸易自由化的背景下，企业向不同国家出口会面对不同的技术层次要求。如果出口目的国是低收入的发展中国家，其进口对象主要是劳动密集型产品，这对出口国企业的技术要求就会相应降低，这类出口企业的工资水平也会相对较低。相反，如果出口目的国是高收入国家，则对出口国企业的技术要求会很高；同时向这些国家出口产品也需要分销、广告和运输等一系列额外成本。这两方面原因迫使出口国企业自行技术升级以降低成本压力，通过“出口中学”提高劳动生产率，并由此获得更高的工资水平。Rankin 和 Schoer(2013)在研究中使用南非地区与北非地区的企业数据进行对比发现：发展中国家的出口企业只有与经济更发达的市场展开贸易，才有机会通过提升产品质量获得发达国家或地区的技术外溢或技术支持，生产出技术含量更高的产品，产生对非出口企业的工资溢价。Brambilla(2016)也得到了类似的研究结论。

“技能溢价”和“出口中学”都是从企业自身角度来解释工资溢价的。技能溢价学说认为，企业想要出口就必须进行产品质量升级或技术升级来应对国外市场的需要，为此会提高劳动力构成并支付更高工资。显然这种学说倾向于支持企业出口的自选择效应。“出口中学”则认为高工资是企业在出口以后充分地利用了学习机会，与国外市场交换时积累了丰富经验或实现了技术共享的必然后果。它们的共同点是都认为出口企业对非出口企业存在明显的溢价,区别在于把这种高工资看作企业出口的条件还是结果。

然而,这两个学说都忽略了劳动力市场对企业工资的决定作用。事实上,工资作为劳动力均衡价格,不是企业单方面就能够决定的,是在劳动者与企业之间的博弈中最后取得的均衡结果。一方面,劳动力不可能仅有工作的意愿就能够随意就业,企业也不会毫无代价地雇佣到自己理想的工人,因此,只有把工人与企业的双向搜寻匹配成本、双方的讨价还价成本等都考虑进来,对于工资的分析才是相对全面的。必须把劳动力市场的各种摩擦成本纳入异质性企业模型,才能够更准确地分析出口对企业工资的影响程度。

(三)基于劳动力市场摩擦成本的理论解释

劳动力市场摩擦成本理论由诺贝尔经济学奖得主Diamond、Mortensen以及Pisarides在20世纪70年代提出。这一理论的主要观点是,现实世界的劳动力市场不同于新古典经济学的基本假定——在新古典的分析框架里,工人能否就业取决于他对保留工资与市场工资的比较,如果前者小于后者,他们宁愿选择闲暇在家。在这种假设下,劳动者是否就业仅仅取决于他的求职意愿,似乎就业是随心所欲的。但是现实的劳动力市场中存在各种不可避免的交易成本、也广泛存在信息不对称,劳动力就业与否并非仅取决于他们自己的意愿和对薪酬的比较。相反地,他们需要花费大量时间去搜寻工作、倾注精力制定求职策略以及忍受失业时间的不确定性。此外,企业作为劳动力的需求者,对劳动者有择优选择的主动权。劳动力市场常常出现空缺职位与待求职者之间的不对称,二者的双向搜寻与匹配同样需要花费大量成本。而且,在未找到理想的工作之前,劳动者会选择暂时就业并继续搜寻理想职位。上面各种情况都意味着劳动力市场上存在着各类"市场摩擦"。形形色色的摩擦成本会对工资决定起到不可忽视的作用。

最早结合劳动力市场摩擦成本解释出口企业工资差异的文献来自Frias等(2009)。该文的基本结论是:行业内工厂之间的工资差异大约有2/3可归因于企业之间的条件差异,另外1/3归因于劳动力构成。该文认为,单纯用劳动力异质性来解释出口企业的工资溢价是远远不够的。在关注企业内部因素的同时,也必须注意企业内不同经济主体的相互联系,这些因素包括讨价还价、租金分享、搜寻与匹配的成本以及企业对工人恰当的激励方式。该文明确强调,结合劳动力市场因素解释出口工资溢价是一个“非常有必要的假定”。下面介绍几个这方面分析的代表性理论。

1.“公平工资”学说

所谓的“公平工资”,是指企业工人对自己的工资水平有公平偏好,这种偏好表现在当企业获得利润时,参与经营的企业管理层和参与产品制造的工人都应该分享这部分利润。所以,工人的工资除了保留工资,还包括对企业利润的分享情况。如果贸易自由化影响了企业利润水平,抑或是改变了工人对企业利润的分享情况,企业工人的工资水平就会发生变化。代表性文献主要有 Amiti 和 Davids(2012)、Egger 和 Kreickmeier(2009)等的文章。

贸易自由化如何影响企业内的“租金分享”[①],进而影响工资变化?Amiti 和 Davids(2012)的研究是第一篇从理论和经验上对这一问题展开分析的文献。该文将贸易自由化区分为最终产品贸易自由化与中间产品贸易自由化。模型的推导结果表明:出口关税下降会导致进口竞争企业的工资下降,同时令出口企业工资上升。同样,进口关税的下降提高了使用进口产品的企业的工资,而不是那些只从当地获得产品的企业的工资。这是因为企业的工资主要取决于企业利润,而中间投入品贸易的自由化提高了进口中间投入品的企业相对于只使用国内中间投入品企业的利润,从而提高了前者对后者的相对工资水平。上述理论推导得到了印度尼西亚企业数据的经验支持。

Egger 和 Kreickmeier(2009)也假设工人具有公平工资的心理偏好。而公平工资主要取决于工人对企业利润水平的分享程度。在企业中,雇主担心工人会降低对工作的努力程度,所以必须支付高效率员工以更高的工资。于是就出现了一个现象:企业获得利润越高,就越支付给工人更高的工资。接着,Egger 和 Kreickmeier(2009)通过模型推导得出结论:企业由封闭经济走向开放经济后,出口贸易会进一步影响由租金分享导致的不同企业之间的工资差距。下面简单介绍一下这篇文章的推导思路。

① Mcdonald 和 Solow(1981)最早把“租金分享”思想应用到国际贸易的收入分配效应中。

如果工人的公平工资可以表示为：$w(\varphi)=\varphi^{\theta}[(1-U)\overline{W}]^{1-\theta}$，其中 φ 代表劳动生产率并服从帕累托分布；θ 代表公平度即租金分享程度，其数值波动范围在 0 到 1 之间；U 代表失业率，而 $\overline{W}$ 代表总体平均工资。θ 的两个极端数值为 0 和 1。θ 等于 0，意味着工人对于企业利润没有分享，这时每个企业的工资都一样，都等于基本的保留工资，这就回归到了 Melitz(2003)的模型结论；当 θ 等于 1 时，$w(\varphi)/\varphi=1$，这时工人的工资就完全与企业利润或绩效成正比，意味着每个企业具有相同的边际成本。

该文首先分析了在封闭经济情况下工人的租金分享对工资差距的影响，然后把这一结果延伸至开放经济。研究结果表明：在封闭经济情况下，租金分享程度(θ)越高，企业的就业率越低，但工人之间的工资差距会越大。当封闭经济走向开放经济后，失业率与工资差距会进一步扩大。文章对此的解释是贸易开放对工资同时存在两种效应：一种是由于生产率低(工资支付低)的企业退出了市场，将会使得行业整体生产率水平有所上升、行业的平均工资增加，所以出口与非出口企业工人之间的工资差距会缩小。另一种是生产率最高的企业获得了出口红利，进一步扩大企业规模，雇佣更多的工人并支付较高的工资，这样就会扩大与非出口企业之间的工资差距。但是，根据作者最终推证的结果，前一种对失业率的影响显著，后一种对工资差距的影响显著，因此贸易开放将会进一步扩大企业内的工资差距。

以公平工资理念为基础、从租金分享视角解释出口与企业工资溢价关系的研究，其主要优点在于能够把握企业内部两个主体之间就收入分配的博弈关系，从而对工资决定的动态过程有了更进一步的解释。但是，这类研究存在的问题是：其一，工人在企业利润中到底拥有多少控制能力或索取权，这种分享程度与企业的性质、行业类别甚至贸易方式有怎样的关联？说到底就是租金分享程度该如何测度？现有文献在这个问题上的解释相对有限。其二，究竟是利润带来了租金分享，还是租金分享形成的激励效应为企业带来更多利润？这一问题在进行经验识别时往往存在一定的困难。企业利润和工人工资之间既可能存在企业利润提高工人工资的正向关系；也可能存在工人工资影响企业利润的反向关系。因此必须考虑如何处理由双向因果关系导致的内生性问题。

2."效率工资"学说

效率工资理论大致提出于20世纪90年代，基本观点是：高技能员工比低技能员工具有更多的外部选择，如果企业提供高于市场出清时的工资水平，就可以吸引到更多高技能的员工，也可以抑制他们消极怠工、工作转换或偷懒，进而维持高产出和利润水平（Shapiro & Stiglitz，1984）。类似的研究还有，Krueger和Summers(1988)发现：工资高的行业，其内部劳动力工作转换率一般相对较低。大量实证研究发现：雇佣高工资职工的企业往往具有更高的生产率。

运用效率工资理论分析出口企业工资溢价最经典的文献当属David等(2008)，他们把Shapiro和Stiglitz(1984)的效率工资与梅里兹模型相结合，从而关联了产品与劳动力市场，分析贸易自由化对工人工作的影响。模型假定企业i中劳动力的边际产量为φ_i；工人可能存在偷懒的状况，偷懒者被发现的概率为p_i，发现偷懒者概率较大的企业会支付工人较低的工资；同理，发现偷懒者概率p_i较小的企业会支付工人较高工资。根据成本—加成定价法，企业生产产品的边际成本等于工资与产品边际产量的比值。在开放经济条件下，若企业生产的边际成本较高（即p_i较高或φ_i较低），企业将会退出行业；另外，由于企业的高边际成本往往是由支付了工人的高工资所导致的，所以贸易往往对企业内原有的工资差距有缩小或缓和的作用。

效率工资理论体现了企业为了应对出口市场、实现产品质量升级等要求，会通过给工人更高工资的方式降低其外部选择，这种工资制度有助于提升出口企业的劳动生产率。事实上，无论是公平工资理念下的"租金分享"，还是以激励劳动者为目的的"效率工资"，都是以如何更好地调动劳动者生产积极性作为出发点，提出了相应的基本假定并将之融入梅里兹模型，带来了对出口企业工资溢价的不同解释。但是，这里比较困难的问题在于租金分享理论提出的"工人努力程度"如同人力资本的质量一样，无法被直接观察和精准测度；效率工资学说所假定的工人偷懒概率在现实中也并非常数或外生变量。如何测度租金分享的程度、如何寻找工人"偷懒成本"的代理变量等都应该是值得进一步思考的问题。

3.“搜寻—匹配”理论

Helpman 等(2010)将企业与工人之间的搜寻匹配成本、工人与雇主之间的讨价还价理论引入梅里兹模型,并由此构建了 HIR 模型,成为分析出口企业工资溢价的典范之作。Helpman 等(2010)认为,工人与企业之间存在特定的匹配,高质量的匹配会增加企业生产率,低质量的匹配会降低企业生产率,所以企业非常注重寻找合适的工人。由于企业无法直接地观察到每个工人的能力,为了保证雇佣工人的质量,就需要对其进行筛选。生产率偏高的企业会更加注重对工人的筛选,二者之间双向的搜寻与匹配成本在企业与工人之间形成了一个博弈。博弈的最后结果带来三个主要结论:第一,生产率越高的企业,支付的工资也越高;在生产率水平不变的情况下,出口会提高企业的工资水平。第二,经济体由封闭走向开放后,出口企业搜寻筛选劳动力的成本会增加,所以出口与非出口企业的工资差异会继续扩大。第三,贸易开放度与工资差距存在先扩大后缩小的倒“U”形关系,贸易成本的提高可能会缩小也可能扩大工人的工资差距。

Davidson 等(2008)建立了一个存在劳动力市场摩擦的完全竞争产品市场模型。在这个模型中,不同技能水平的工人在公司之间寻找工作,一些公司采用基本技术,雇用技能相对较低的工人并支付较低的工资,而另一些公司采用更先进的技术,雇用高技能工人并支付高工资。该模型的主要特点之一是:如果两种不同类型的公司产生的收入足够接近,就有可能出现就业不足的均衡。尤其是当更适合在高科技公司工作的高技能员工碰巧首先接触到了低技术工作并接受时,就会发生这种情况。为了避免高技术工人与低技术企业的率先匹配,规模最大的、资本密集型企业为了出口会给出最高的工资水平,由此产生工资溢价。

Ritter(2012)建立了劳动力市场的“有向搜索”模型,该模型结合行业内和跨行业劳动力再分配的特点,探讨了出口与企业工资溢价的关系。这篇文章首先指出该研究参考了他人的研究,同时指出 Davidson 等(2008)的研究缺陷在于把工人与企业之间的匹配理解为随机过程,一旦高技术工人与低技术需求的企业匹配,将造成行业内的残差工资严重不均等。所以,他的研究特别规定了企业和工人之间的“定向搜索”是解决劳动力市场低效匹配的有效方式。企业通过公开工资信息的方式吸引工人,工人则根据所有企业的工资与劳动要求选择最合适的工作。该文章还规定工人一次只能申请一个职位,不能相互协调。当工人提出申请时,他们用自己的能力交换的是担任某一职位的可能性以及一旦被雇用时可以得到的工资。该文章指出:由于技术与技能工人的互补性,相对于服务于国内市场的低效企业而言,出口企业具有更强的动机来吸引求职者并为所有类型的工人增加工资。

从劳动力市场摩擦成本的角度解释出口企业与非出口企业的工资差距,比较完备地考虑到劳动力市场的非完美性以及劳动者与雇主之间互动关系,把搜寻、匹配与讨价还价成本纳入异质性企业模型,令相关的分析结果与真实情境更加接近,因而更具有说服力。但是,有几个问题是值得关注的:第一,劳动力市场摩擦成本在性质上属于交易成本,如何有效地测度这些摩擦成本是一个难题,例如雇员与雇主之间的租金分享程度、企业与工人各自的搜寻匹配成本如何测度等。第二,劳动力市场摩擦成本在多大程度上影响企业工资水平的决定。第三,在引入摩擦成本后,出口对企业工人工资的影响又会发生怎样的变化?这些问题都是需要继续思考和深化的。

三、简要评论

"干中学"和"技能溢价"理论本质上相同,都把出口工资溢价归结为出口企业具有更高的劳动力构成。而"公平工资"等理论则指出:受劳动力市场摩擦成本的影响,相同劳动者在不同企业中也会获得不同的工资。而出口会加剧这一情况。从劳动力构成到摩擦成本异质性,体现了出口对企业工资影响研究的重要过渡,标志着对这一问题研究进程的重要转折。但是,至少有两个问题需要进一步思考:第一,如何有效地测度这些摩擦成本?劳动力市场摩擦成本种类众多,而且大部分都不能采用会计成本的核算方式,建模时如何寻找它们的代理变量就是一个非常困难的问题。第二,出口一方面改变了企业的劳动力构成,另一方面也影响了劳动力市场的摩擦成本,究竟哪一方面的因素在工资决定中的作用更大呢?比如接下来的两个研究就带来了不同的结论:Frias 等(2009)利用墨西哥企业数据证明:在规模较大或生产效率较高的出口企业中,劳动力市场摩擦成本对企业工资的影响相对显著；在规模较小或低效的出口企业中，劳动力市场摩擦成本对工资影响不显著。Schank(2007)利用德国企业数据分析表明：在控制其他因素的条件下，出口企业工资溢价主要来自其与非出口企业之间显著的劳动力构成差异。

第二节 出口对企业工资溢价影响的经验研究

一、工资溢价的"存在性"研究

出口与企业工资溢价的实证研究大致经历了三个阶段：第一阶段主要论证出口企业是否存在对非出口企业的工资溢价现象；第二阶段进一步分析出口企业的高工资是出口的条件还是结果；第三阶段是对出口企业的工资溢价进行不同视角的分样本讨论。Bernard 和 Jensen(1995)最早使用美国人口普查局数据库确定了出口企业的平均工资比非出口企业工资高出近9%。Arnold 和 Hussinger(2005)发现德国制造业企业中存在约25%的出口企业工资溢价。Heyman(2010)发现瑞典制造业企业中出口企业工资溢价程度约为20%。中国(Aw，1999)、韩国(Hahn，2004)、哥伦比亚(Isgut，2001)也同样发现了出口企业存在工资溢价。一些欧洲经济体也发现了类似的出口工资溢价证据(Bernard &Wagner，1997；Greenaway & Kneller，2004)。表2-1列举了20世纪末以来部分相关经验研究的主要结论。

表2-1 20世纪末代表性经验研究及其主要结论

作者	样本	数据来源	主要结论
Bernard & Wagner(1997)	德国	1978—1992年制造业企业	出口企业工人工资显著高于非出口企业，其中白领之间的工资溢价相对更高，蓝领之间相对较低。
Bernard & Jensen(1999)	美国	1984—1992年13550家制造业企业	在控制了行业性质与企业性质后，出口企业与非出口企业的白领之间工资溢价为6.9%，蓝领之间的工资溢价为3.7%。

续表

作者	样本	数据来源	主要结论
Hahn(2004)	韩国	1990—1998 年制造业企业	在控制了行业、区域和所有制性质后，出口企业仍然显著高于非出口企业的工资溢价。
Zhou(2003)	墨西哥	1986—1990 年制造业 2535 家企业	在控制了企业规模、资本密集度、外资参与度、技能工人比重等，出口企业仍具有显著的工资溢价。
Verhoogen (2008)	墨西哥	1993—2001 年工业企业数据	出口企业的高技能劳动力占比超过非出口企业，平均工资也超过非出口企业。
Tsou et al. (2002)	中国	1986—1996 年电子产业的企业数据	在控制了资本密集度、R&D 投入程度等之后，出口企业仍存在约 15.5%的工资溢价。
Hansson & Lundin(2003)	瑞典	1990—1999 年制造业企业数据	出口扩大了技能工人之间的工资，对非技能工人工资影响不明显。

由上可见，无论是发达国家还是发展中国家，出口企业工资水平均高于非出口企业，这个现象已经成为绝大部分人可以接受的“典型事实”[①]。在控制了企业规模、盈利能力、研发程度、企业生产率、资本密集度等企业特征差异后，出口企业的工资仍然显著高于非出口企业；从分样本情况看，高技能劳动者群体中更容易出现出口工资溢价，而低技能劳动者群体中这一差距则相对并不明显；服务贸易中的出口企业工资溢价高于一般货物贸易中的出口企业工资溢价。

上述研究虽然带来了一些重要的结论，但也存在一个主要问题，都是仅运用企业层面(工厂级)数据进行实证分析，没有考虑到劳动者之间个体差异也是工资决定的重要方面。Schank 等(2007)指出：“在仅控制企业特征变量却没有考虑工人特征变量的情况下，出口对企业工资溢价的影响是不明确的，我们无法分辨这一工资差距来自出口行为本身，还是来自建立模型时被遗漏的劳动力特征变量。”为此，部分研究者开始开发企业与工人之间的

① Schank(2007)在综述出口企业工资溢价时，把出口企业工资普遍高于非出口企业的现象称为“典型事实(stylized fact)”。

雇主—雇员匹配数据①,利用该数据与企业数据的合并数据进行研究,进一步探寻出口与企业工资之间的关系。

二、"自我选择"效应与"出口学习"效应

在获得了企业劳动者特征数据以后,出口企业与非出口企业的工资溢价研究表现出新的特点:一类研究支持"自我选择"效应,认为部分企业为了出口利用各种途径优化劳动力构成,因此支付了更高的工资。另一类研究支持"出口学习"效应,认为企业在出口以后,通过在国际市场的经验积累或技术分享,进一步优化劳动力构成并获得更高工资。下面分别介绍这两类观点下的典型文献。

(一)"自我选择"效应

对"自我选择"效应的研究最早可以追溯到 Tybout(1997),认为企业进入行业需要面临沉没成本,只有规模较大、经验丰富、生产率较高的企业才有可能出口。根据自我选择效应,工资溢价对出口的影响路径是:企业支付给高技能工人更高的工资,由此改变了企业内部的劳动力构成,提高了劳动生产率并顺利出口。

Schank 等(2007)最早运用雇主—雇员匹配数据分析出口与企业工资溢价之间的关系。他利用德国制造业丰富的企业样本数据得出结论:在控制了劳动者特征变量以后,出口工资溢价就几乎不存在了。换句话说,如果出口企业工资高于非出口企业,也是因为出口企业拥有更好的劳动力构成并支付工人更高的工资,而非出口导致企业工资水平上升。Schank 的实证研究结果与 Bernard 等(1999)以及 Melitz(2003)是相互一致的。

Heyman(2010)也同样以德国制造业企业为样本,运用雇主—雇员数据分析出口对企业工资水平的影响。该文按照外资参与度把企业分为外资企业和内资企业,分析外资企业是否比内资企业支付了更高工资。得出的结论是:外资企业支付的人均工资显著高于内资企业。外资企业工人的高工

① Schank(2007)强调必须在出口企业工资溢价模型中引入劳动力特征变量、使用包含劳动力特征指标的企业综合数据——"雇主—雇员匹配数据(employer-employee data)"。

资受到企业特征和工人特征差异共同影响，受到工人特征差异的影响更为显著。

Breau 和 Rigby(2006)利用洛杉矶 CMSA 雇员—雇主数据进行分析，结果表明：一旦控制工人的个体特征，在出口机构工作的个人工资就不再高于在非出口机构工作的个人工资。出口企业支付更高的平均工资，是因为雇用了比非出口企业具有更高的教育水平和技能的工人。在控制工人特征之后，出口本身不会带来工资溢价，说明工资溢价产生于企业出口之前。

Klein 等(2010)利用德国的雇主—雇员数据发现：出口工资溢价在高技能工人的工资差距中具有更强的解释效应，在低技能工人中则相对不明显。出口企业高技术工人工资高于非出口企业高技术工人工资的差额，这种差异受到企业之间差异和劳动者之间的差异影响，却几乎不存在出口行为导致的部分。在这篇文章看来，出口企业高于非出口企业工资的部分主要存在于高技术劳动力中间，而且发生在企业出口之前。

强调"自我选择"效应的文献都认为：出口企业工资水平高于非出口企业，主要是由于企业为了出口而雇用了更多高素质劳动力并为此支付了更高的工资。出口行为本身不会带来工资的明显增加。但是，也有学者否定了这一观点，认为企业出口之后工资水平会进一步上升。主要原因在于企业可以通过"出口中学"提高生产效率与绩效。

(二)"出口学习"效应

"出口学习"效应是指出口企业通过出口过程中的学习与吸收经验，接受国外研发技术外溢，提升自身劳动生产率的现象。"出口学习"效应表明：企业在出口以后会支付更高的工资水平。归纳相关文献发现，出口企业可以通过三种渠道提高企业工资：第一，进入国际市场后，由于发生了规模经济效应，出口企业的单位生产成本降低，从而劳动力工资相应上升(Munch & Skaksen, 2006)。第二，在国际市场与其他企业进行竞争时，为了保持竞争优势而不断追加研发、设计、专利技术等方面投资(Brambilla et al., 2016;Krishna et al., 2011)，为此支付相关技术人员更高的工资水平。第三，在出口国的要求之下进行技术或产品升级，进而优化企业内部的劳动力构成并支付更多的工资(Verhoogen, 2008)。下面介绍几篇代表文献的观点。

Verhoogen(2008)利用1994年墨西哥比索贬值事件作为研究背景,将产品质量异质性纳入了梅里兹模型,首先指出生产效率高的企业才更有可能出口。同时也指出,企业出口以后为了进一步提升产品质量,提高产品的国际竞争力,就会比非出口企业更加重视对高技术人才的吸引,这样会进一步利用工资吸引高技术人才,扩大行业内的工资差距。其实证结果表明:当比索贬值后,高生产率企业出口份额继续上升,出口产品质量随之上升,行业内工资差距进一步扩大。

Brambilla等(2016)用一组阿根廷的企业来检验出口对企业生产率与投资具有正向影响的结论。样本数据是1998年至2000年期间的阿根廷制造业企业,实证结果表明:阿根廷公司一旦向高收入国家出口,其所雇用的高技术工人比例相对较高,工资也相对较高,出口到高收入国家的企业人均工资高于其他出口企业(主要是面对非高收入国家)和内销企业。显然,这篇文章认为出口优化了企业内部的劳动力构成,并带来工资溢价。

Davidson等(2008)利用瑞典工业企业数据验证了全球化对劳动力市场的重要促进作用,认为出口能够通过生产率提升提高企业工资水平。Krishna等(2014)认为贸易开放带来的工资效应不仅会提高对工人的技术要求,也会使得出口企业工人相对于内销企业工人获得更高的人均工资。表2-2分别列举了支持"自我选择"效应与"出口学习"效应的代表性文献。

表2-2 "自我选择"效应与"出口学习"效应的代表性文献

基本观点	样本	代表性文献
"自我选择"效应	智利;韩国;印度尼西亚;美国,巴西,阿根廷	Bernard &Jensen (1995, 1999); Schank (2007); Baldwin (2003); Blalock (2003); Alvarez (2004); Hahn (2004); Breau & Rigby (2006); Egger & Kreickemeier (2012)
"出口学习"效应	英国;瑞典;德国;美国;南非;加拿大	Bernard & Jensen (1999); Greenway & Keller (2004); Girma (2004); Fernandes (2005); Bigsten (2000); Verhoohen(2008); Brambilla et al. (2010); Munch & Skaksen(2006)

总体而言,以发达国家企业为样本的实证研究更多地支持"自我选择"效应,认为企业支付更高工资是其出口的必要条件;以发展中国家企业为样本的实证研究更倾向于支持"出口学习"效应,强调贸易自由化为出口企业带来机遇与贸易利得。当然也有研究同时支持"自我选择"效应和"出口学习"效应,认为一方面企业通过产品进口、技术模仿、提升工资等方式进入出口市场,另一方面在进入国际市场后仍然不断地学习和积累经验,获得更多利润并扩大了与非出口企业之间的工资差距。这两类研究都认为出口企业工资偏高是因为更优质的劳动力构成;有所不同的是,应该把优质劳动力构成理解为出口的条件还是出口导致的结果。

三、进一步研究的相关结论

这一时段的研究加入和考虑了更广泛的外部条件,如衡量贸易自由化程度的关税变化对企业工资水平的影响;中间品贸易与最终产品贸易中出口对企业工资的影响变化以及广泛地考虑了劳动力市场摩擦因素后出口对企业工资的影响。下面介绍一些代表性文献的主要内容与观点。

Felbermayr 等(2008)把搜寻与失业纳入梅里兹模型,在他们建立的模型里,贸易引发的选择效应会对一国劳动力市场产生影响,只要贸易自由化就可以降低企业对劳动力的搜寻成本进而提高企业实际工资,从而提高企业的劳动生产率。他们利用美国制造业企业数据进行了模拟,模拟结果表明,从长时间来看,出口贸易一方面会降低出口企业的失业率,另一方面会扩大出口与非出口企业之间的工资差距。

Helpman 等(2010)在理论上构建了 HIR 模型,在实证方面以巴西企业1986 年到 1995 年的企业数据为样本,在劳动力市场双向搜寻与匹配的背景下分析出口对企业工资水平的影响,得到了三点结论:第一,在 1986 年至1995 年间,整个巴西工人工资不均等中约有 2/3 的部分是由行业内企业之间的工资溢价所解释的。第二,在工资不平等的总体水平和增长方面,残差工资不平等是一个重要的解释因素。约有 90%的残差工资不平等程度发生在行业内的企业层面。第三,行业间的工资不平等主要由企业差异所导致,而企业不同的生产规模以及企业是否参与出口是造成企业工资差异的主要原因。

Macis 和 Schivardi(2016)使用来自意大利的雇主和雇员匹配数据来探讨出口和工资之间的关系。他们利用了 1992 年意大利里拉货币贬值这一背景,因为这对意大利企业的出口动机而言是一个不可预见的巨大冲击。实证结果表明,出口工资溢价是由于出口企业支付高于其工人在外部劳动力市场上的工资溢价,而这种工资溢价来自出口企业工人与雇主之间的"租金分享"效应。此外,他们的研究还揭示:对于有更多出口相关经验的工人来说,其所获得的出口工资溢价更大。这表明货币贬值增加了对出口企业技能劳动力的需求,推高了他们的相对价格。

类似的研究还有 Amiti 和 Davis(2011),他们把自由贸易划分为中间投入品贸易与最终产品贸易,运用印度尼西亚 1991 年到 2000 年企业层面数据进行检验,实证结果表明:在工人具有公平工资偏好的假设下,最终品贸易与中间品贸易下,关税对工资的影响不一致。其中,最终产品关税下降 10%,国内出口企业的人均工资会上升 3%;而中间产品出口关税下降会令国内相关出口企业人均工资下降约 2%。

四、简要评论

随着研究方法的不断改进与样本数据的逐渐丰富,出口与企业工资溢价的实证研究取得了丰富成果。但是,目前研究的问题集中在几个方面:第一,来自数据的限制。只有少数国家企业样本中包括劳动者特征(如年龄、性别、技能水平等)方面的数据,比如德国、美国。而其他国家的企业数据中则缺失或鲜有包含劳动者特征数据。第二,对于影响贸易分配效应的摩擦成本,我们仍然对此知之甚少,很难有效地量化。第三,目前的研究范围主要集中在出口对制造业企业工资的影响上。随着服务贸易的迅猛发展,服务贸易中的企业数目、企业中的从业人数与产生的经济效益都在增加,那么出口对服务贸易企业工资有怎样的影响,与对货物贸易企业工资的影响有何不同?这些问题都将随着数据丰富在后续的研究中得到深化或解决。

第三节 针对中国问题的相关研究

出口对中国企业工资影响的研究起步相对较晚。对比起国外企业中的同类研究,针对中国企业工资溢价的研究有三个主要特点:第一,理论研究匮乏。现有文献几乎全部是经验研究,部分带有理论推导的文章,也是对国外已有理论模型的简单拓展或应用,目前还没有构建出源自"中国情境"的理论框架。第二,实证研究所采用的数据主要是中国工业企业数据和中国海关数据,也有少量来自部分省市中各类企业的抽样调查数据,研究样本以制造业企业为主。第三,研究内容主要聚焦于:出口企业是否存在工资溢价?出口与企业工资之间的关系支持"自我选择"效应还是"出口中学"效应?出口企业工资有哪些主要的影响因素等。以下将回顾上述问题的代表性观点并进行简要评价。

一、出口企业是否存在工资溢价

自从中国工业企业数据库投入使用以来,贸易自由化对国内工资影响的研究也细化到了企业层面。围绕着出口贸易是否能够为中国企业带来工资红利,相应地存在两种截然相反的观点。一种认为中国出口企业的工资水平显著高于非出口企业,即出口企业存在显著的工资溢价。另一种认为出口企业的工资水平并没有高于非出口企业,甚至是显著低于非出口企业。下面首先通过表 2-3 列出支持出口企业存在工资溢价的代表文献及其观点。

表 2-3 针对国内研究的部分文献与主要观点

作者	主要观点
于洪霞和陈玉宇(2010)	出口可以显著提高企业工资,企业与劳动者无租金分享过程。
李静和彭飞(2012)	出口企业能够获得"出口工资红利"。
史青(2013)	企业出口提高员工工资只在某些区间成立,出口密集度与工资呈现倒"U"形关系。

续表

作者	主要观点
陈波和贺超群(2013)	企业出口密集度上升1%,企业内的技能与非技能劳动力工资差距将扩大0.3%。
赵春燕和黄汉民(2013)	支付高工资的企业更倾向于进入出口市场,出口以后企业工资会进一步提高。
权家敏(2014)	出口工资溢价与企业的出口导向密切相关,与企业所有制结构有关。
马述忠和王笑笑(2015)	出口企业工资显著高于非出口企业,但出口企业内部工资差异小于非出口企业。
赵春燕和蔡瑶(2015)	出口增长的集约边际与扩展边际都会带来企业工资增加,其中主导的是扩展边际。
杜威剑和李梦洁(2016)	出口会不断扩大企业内的技能工资差距。
莫旋和肖黎(2016)	出口企业工资溢价与企业的出口密集度反向变化,出口密集度对高收入者的收入影响更大。
李磊、刘斌和丁勇(2017)	企业参与全球价值链会导致企业工资的提高,尤其在私营企业与技术密集型企业中这一结论更显著。
刘灿雷和王永进(2019)	企业规模扩张会影响到企业之间的利润分成,进而扩大企业间工资差距。

上述观点都认为出口企业存在工资溢价,但是从不同的角度分析了各种因素对出口企业工资的影响,强调了分样本检验结果的差异性。比如权家敏(2014)指出民营出口企业的工资溢价超过其他性质的出口企业、一般贸易企业的工资溢价超过加工贸易企业。部分研究涉及了同一企业内部的工资差距,比如马述忠和王笑笑(2015)指出同一企业内部的工资差距会随企业出口而缩小。陈波和贺超群(2013)、杜威剑和李梦洁(2016)分析了企业内部的技能工资溢价如何随出口发生进一步变化。

除此之外,也有观点认为出口企业工资并非高于非出口企业,甚至有可能是低于的。包群等在2011年发表了《出口改善了员工收入吗?》一文,该文提出"企业出口对劳动力报酬改善作用不明显"的观点,引发了学术界的关注,成为针对中国研究中此类文献的代表性文章。之后有很多学者引用了这篇文章,并将研究结论与该篇文章进行对比,由此提出一些新的见解。该文基于倍差法,对1998年到2001年间的中国制造业企业出口对其员工收入的动态影响进行了分析。文章得出结论：在控制了企业的规模、生产年限、区位及所有制等因素以后，没有充分证据支撑出口提升了员工的收入水平。作者把出口没有显著改善员工收入的原因归为中国出口企业中存在比重较高的加工贸易。类似地，邵敏(2011)认为在控制了企业异质性因素后，企业出口令企业员工的绝对工资在不断增加，但是劳动收入的相对份额在不断下降。曲兆鹏和范言慧(2012)的研究也认为，出口不但没有促进工资增长，还在某种程度上抑制了工资增长。相对于出口促进企业工人工资提高的文献而言，出口不能带来工资显著提高的文献数量上少了很多。

为什么对同一问题的实证检验会出现两种结果呢？这里可能的原因有：第一，与计量模型形式以及回归方法有关。建立模型时解释变量、控制变量的选取不同都会造成回归结果出现较大的差异，选择不同的回归方法也可能造成解释变量的回归系数显著与否、正负有异。第二，与选择的样本区间有关。包群选择了1998年至2001年共三年面板数据，而这段时间正好是加工贸易在出口方式中居于主导地位的时期，2001年以后，中国一般贸易的比重逐渐上升，超过加工贸易居于首位，所以如果他选取的数据能够向后更新几年，对出口与企业工资关系的分析也许就会有不同的结论。

二、"自我选择"效应与"出口学习"效应

在对出口企业工资溢价的解释中，部分研究支持自我选择效应，认为企业支付高工资是企业得以顺利出口的条件；部分研究支持"出口学习"效应，认为出口以后通过"出口中学"提升了企业生产率，进而带来工资水平的提升。还有研究同时支持两种观点，认为高工资的企业更容易出口，并且在出口以后能够获得更高的工资。表2-4分别列举了支持三种效应的代表性文献。

表 2-4 出口与企业工资关系的相关文献

支持观点	代表文献
“自我选择”效应	于洪霞、陈玉宇(2010);陈昊(2013);刘海洋、孔祥贞(2012);汤二子(2013);杜威剑、李梦洁(2016);赵珂馨(2018)
“出口学习”效应	邵敏(2011);张笑牧(2011);李宏兵、蔡洪波(2013);黄静波、刘淑林(2013);陈波、贺超群(2013);周禄松、郑亚莉(2015);余淼杰、梁中华(2014);马述忠、王笑笑(2015);刘美秀等(2015);蒋业恒、李清如(2016)
同时支持	赵春燕、黄汉民(2013);赵春燕、蔡瑶(2015);莫旋、肖黎(2016)

三、出口企业工资溢价的影响因素

几乎所有证明出口企业存在工资溢价的文献,都会对比出口企业与非出口企业的特征,从不同角度得出一些综合性的结论。有的学者强调了出口企业的工资溢价存在行业差异,有的比较了出口企业工资溢价的地区差异,有的比较了出口工资溢价的企业性质差异,也有研究比较了出口企业工资溢价在不同劳动力群体之间的差异等。表 2-5 列举部分代表文献在分样本分析中得到的一些主要结论与观点。

表 2-5 出口企业工资溢价的影响因素

作者	主要结论
李静和彭飞(2012)	从分所有制情况看,国有出口企业工资溢价最低;从分地区情况看,东部地区出口企业工资溢价最高;从分行业情况看,高技术行业出口企业工资溢价最高。
史青(2013)	企业出口密集度与工资水平呈现为倒“U”形关系。从企业性质看,内资企业在出口密集度为 0.5 时工资溢价最高;外资企业在出口密集度为 0.56 时工资溢价达到最高。
陈波和贺超群(2013)	企业出口会扩大企业内的熟练劳动者与非熟练劳动者的工资差距,该工资差距对企业出口程度的弹性系数为 0.3。
赵春燕和黄汉民(2013)	出口企业存在显著的工资溢价,持续出口企业工资溢价程度高于新出口企业。
权家敏(2014)	一般贸易出口企业的工资与出口强度同向变化,加工贸易出口企业却是反向变化;资本密集度高的出口企业存在工资溢价,劳动密集度高的出口企业不存在工资溢价。

续表

作者	主要结论
莫旋和肖黎(2016)	一般贸易(资本密集型)企业存在出口工资溢价;加工贸易(劳动密集型)企业不存在出口工资溢价。
杜威剑和李梦洁(2016)	出口对熟练工人与非熟练工人工资差距的影响程度与企业所在行业有关,中等与低等技术行业中,企业工资受出口影响程度较大,持续性更强。
吴晓怡等(2019)	制造业企业参与全球价值链对其内部工资水平提升具有明显的正向作用。参与GVC对一般贸易企业中的工资水平、东部和中部地区企业工资水平以及外资企业工资水平的正向拉动程度最强。

四、简要评论

综上所述,针对国内企业的相关研究虽然起步较晚,但是成果丰富,学者们从不同视角充分论述了出口企业是否存在工资溢价,具备什么条件的出口企业能够获得更多的出口溢价等。但是,与针对国外企业的同类研究相比较,仍然存在如下的突出问题,需要在今后不断深化和探索。

首先,理论研究成果非常匮乏。在出口与企业工资关系的问题上,国内研究以经验研究为主,利用各类微观数据和多种计量方法,得出了丰富的研究结论。但对比起国外同类研究而言,我们的理论研究成果几乎是空白的,但是二者之间并不存在平行复制的关系。出口对发达国家企业工资影响的理论研究,在基本假设上与中国企业的实际情况存在较大差距。比如发达国家的企业多以技术密集型或资本密集型企业为主,而中国作为最大的发展中国家,我们的工业企业多以劳动密集型企业为主。其次,从贸易方式上看,发达国家出口企业主要从事的是一般贸易,而中国出口企业一度以加工贸易的贸易形式为主,贸易方式不同会造成出口强度对企业生产率、企业工资影响的不一致。最后,发达国家企业中的工会组织是法律上承认的维权机构,而我们企业中的工会更多是丰富企业文化,置办福利或者是开展文娱活动的组织部门,二者在劳动力工资决定上发挥的作用截然不同,因此不能把相似的结论平行复制过来。没有构造出完全符合中国情境的理论框架,是解释中国出口企业工资问题面临的最大困难。

另外,缺乏出口对企业工资影响的中间渠道或机制分析。出口对企业工资影响的研究是国际贸易理论分析的一个热点内容,但是针对中国的研究都集中在论证出口是否带来工资溢价、什么样的出口企业可以拥有更多的工资溢价等问题上;相比之下,出口对企业工资影响过程与作用渠道的研究就十分有限了。当通过理论与经验研究得出出口企业存在工资溢价后,还应该进一步探索出口通过怎样的途径提高企业工资,揭示出口与企业工资之间的内在联系,因地制宜地制定合理的贸易政策、人才政策、收入政策和产业政策。

第三章　出口对企业工资溢价影响的理论分析

第二章梳理了出口对企业工资溢价影响的相关文献，发现在针对中国问题的研究中，出口对企业工资溢价作用机制的研究是相对欠缺的。因此本书将从理论和实证两个方面重点分析出口对企业工资溢价的作用机制。本章进行的理论推导，具体思路为：分别从劳动力市场的需求方（企业）、劳动力市场的供给方（工人）、劳动力市场供求双方互动（租金分享）三个方面对比出口企业与非出口企业的工资水平，以解释出口企业是否存在工资溢价以及通过什么样的中间变量传导获得了这种工资溢价。

第一节　出口对企业工资溢价影响的生产率机制

一、封闭经济均衡

（一）需求方面

假定代表性消费者的效用函数为 CES 型，可供其选择的商品集为 V，用 v 代表该消费者购买最终消费品集合中某一种商品的对应编号，显然 v 是 V 的一个子集，而 $q(v)$ 就是消费者对 v 商品的消费数量，于是，该消费者的效用函数可以表述为：

$$U=\left[\int_{v\in V} q(v)^{\rho}\mathrm{d}v\right]^{\frac{1}{\rho}} \tag{3-1}$$

其中，$\rho\in(0,1)$ 寓意消费者对商品 v 的消费数量满足边际效用递减规律。容易证明，任意两个商品之间的弹性系数 $\sigma=1/(1-\rho)>1$；σ 越小，说明可供选择商品的种类就越多。延承 DS 模型的相关规定，与效用函数相对的一般价格指数为：

$$P=\left[\int_{v\in V} p(v)^{1-\sigma}\mathrm{d}v\right]^{\frac{1}{1-\sigma}} \tag{3-2}$$

利用总产出 Q 等于总效用 U，并根据既定支出约束的效用最大化条件，可以推得单个消费者的需求函数与收益函数分别为：

$$q(v)=Q\left[\frac{p(v)}{P}\right]^{-\sigma} \tag{3-3}$$

$$r(v) = R\left[\frac{p(v)}{P}\right]^{1-\sigma} \tag{3-4}$$

这里，$R = PQ = \int_{v \in V} r(v)\mathrm{d}v$，代表总收益。

（二）生产方面

假定生产方面由一组数量庞大的生产不同产品的企业组成集合，生产中唯一使用的可变要素是劳动，一国劳动的总规模为 L，单个企业消耗的劳动 l。沿用 Krugman(1980) 的规定，把雇佣劳动数量理解为产量的线性函数，则单个企业的生产函数可以描述为：

$$l = f + q/\varphi \tag{3-5}$$

其中，f 代表单个企业生产需要支付的固定成本，l 是企业雇佣的劳动力，φ 代表劳动生产率，q 是企业的产量。根据成本加成定价法，可以推得单个厂商的产品定价为：

$$p(\varphi) = 1/(\rho\varphi) \tag{3-6}$$

结合式(3-3) 与式(3-4)，可以推得单个企业的收益与利润均为生产率 φ 的函数，分别为：

$$r(\varphi) = p \cdot q(v) = R(P\rho\varphi)^{\sigma-1} \tag{3-7}$$

$$\pi(\varphi) = r(\varphi)/\sigma - f \tag{3-8}$$

结合式(3-3)、式(3-4) 与式(3-7) 可以推得产出、收益与生产率对应关系的两个结论，不难看出，单个企业的产量水平与收益水平都跟其生产率水平成正比。

$$\frac{q(\varphi_1)}{q(\varphi_2)} = \left(\frac{\varphi_1}{\varphi_2}\right)^{\sigma} \tag{3-9}$$

$$\frac{r(\varphi_1)}{r(\varphi_2)} = \left(\frac{\varphi_1}{\varphi_2}\right)^{\sigma-1} \tag{3-10}$$

（三）加总分析

假定市场上一共有 M 个企业，每个企业都生产不同的产品，这些企业的生产率满足独立同分布假设，令企业生产率的概率密度函数为 $u(\varphi)$，则所有产品的加总价格指数可以定义为：

$$P = \left[\int_0^{\infty} p(\varphi)^{1-\sigma} M u(\varphi) \mathrm{d}\varphi\right]^{\frac{1}{1-\sigma}} \tag{3-11}$$

由于企业数目 M 独立于生产率水平 φ，可以对上述的加总物价指数做如下变形：

$$P = M^{\frac{1}{1-\sigma}} \rho^{-1} \left[\int_0^{\infty} \varphi^{(\sigma-1)} u(\varphi) \mathrm{d}\varphi\right]^{\frac{1}{1-\sigma}} \tag{3-12}$$

然后定义：
$$\tilde{\varphi} = \left[\int_0^{\infty} \varphi^{\sigma-1} u(\varphi) \mathrm{d}\varphi\right]^{\frac{1}{\sigma-1}} \tag{3-13}$$

根据式(3-13)可以看出，$\tilde{\varphi}$ 代表了所有企业生产率的加权平均(期望值)，也就是社会平均生产率。于是，除了加总物价指数 P，结合式(3-3)、式(3-4)与式(3-12)，可以推出经济社会的总收益 R、总利润 Π 与社会平均生产率 $\tilde{\varphi}$ 的关系，分别为：$R = Mr(\tilde{\varphi})$ 以及 $\Pi = M\Pi(\tilde{\varphi})$。值得注意的是，如果用 $\bar{r}$ 和 $\bar{\pi}$ 代表行业平均收益与平均利润的话，则可以得到如下两个重要式子：

$$\bar{R} = R/M = r(\tilde{\varphi})$$
$$\bar{\Pi} = \Pi/M = \pi(\tilde{\varphi}) \tag{3-14}$$

式(3-14)表明：对于生产率水平恰好等于社会平均生产率的代表性企业而言，其个体收益与利润刚好等于社会平均收益与平均利润。在社会总体劳动规模为 L，总收益 R 全部用于劳动总支付($R = L$)的情况下，即可得到封闭经济条件下的代表性企业工资水平：

$$W = \frac{R}{PL} = P^{-1} = M^{\frac{1}{\sigma-1}} \rho \tilde{\varphi} \tag{3-15}$$

这一工资决定式说明：代表性企业的工资水平取决于产品的丰富程度与行业内企业的平均生产率水平。一国产品差别化程度越高、行业内企业生产率水平越高，则代表性工人的工资水平也越高。接下来需要明确的是：行业平均生产率水平是受哪种因素决定。

(四) 临界生产率与工资的决定

行业中存在大量潜在的市场进入者。在进入行业之前，这些企业之间是同质的，为了进入行业，企业必须进行初始投资，而这一初始投资被视为一种不可回收的沉没成本，用符号 f_s 表示。企业进入行业以后，初始生产率 φ 服从概率密度为 $g(\varphi)$ 的分布，$g(\varphi)$ 在$(0,\infty)$上大于0，令其连续累积分布为 $G(\varphi)$。

在梅里兹模型中，企业生产率的概率密度函数 $g(\varphi)$ 没有设置具体形式，因为原模型是为了提供一个求解社会平均生产率的理论框架。但是，本书需要得到社会平均生产率的解析解，才能由此计算出企业人均工资。于是，本书拓展了梅里兹模型的假定，令企业进入市场以后，抽取一个分布函数为 $G(\varphi)=1-\varphi^{-k}(k>0$ 且 $\varphi>1)$ 的生产率水平 φ，对应概率密度即为 $g(\varphi)=k\varphi^{-(k+1)}$。

另一方面，如果令企业获得零利润生产率 φ^* 为临界生产率的话，当 $\varphi<\varphi^*$ 时，企业无法进入行业；当 $\varphi>\varphi^*$ 时，企业才会继续留在行业并获得大于0的利润。进入行业的企业，其生产率 $u(\varphi)$ 服从临界生产率之上的条件概率密度：

$$u(\varphi)=\frac{g(\varphi)}{1-G(\varphi^*)}=\frac{k}{\varphi^*}\cdot\left(\frac{\varphi^*}{\varphi}\right)^k \quad (\varphi>\varphi^*) \tag{3-16}$$

把式(3-16)代入式(3-13)并整理，可以得到行业平均生产率关于临界生产率的函数：

$$\tilde{\varphi}=\left[\int_{\varphi^*}^{\infty}\varphi^{\sigma-1}u(\varphi)\mathrm{d}\varphi\right]^{\frac{1}{\sigma-1}}=\left[\int_{\varphi^*}^{\infty}\varphi^{\sigma-1}\frac{k}{\varphi^*}(\varphi^*)^k\varphi^{-k}d\varphi\right]^{\frac{1}{\sigma-1}}$$

继续整理可得：

$$\tilde{\varphi}=\left(\frac{k}{k-\sigma+1}\right)^{\frac{1}{\sigma-1}}\varphi^* \tag{3-17}$$

式(3-17)说明，对于已经进入行业的企业而言，行业平均生产率水平唯一取决于临界生产率。由此而来，代表性企业的收益、利润与工资都可以表达为临界生产率的函数，利用式(3-10)，可以得到代表性企业的收益与临界生产率之间的关系：

$$r(\tilde{\varphi})=\left(\frac{\tilde{\varphi}}{\varphi^*}\right)^{\sigma-1}r(\varphi^*) \tag{3-18}$$

利用式(3-8)、式(3-18)以及 $\pi(\varphi^*)=0$，可以推出代表性企业利润水平与临界生产率的关系：

$$\pi(\tilde{\varphi})=\left[\left(\frac{\tilde{\varphi}}{\varphi^*}\right)^{\sigma-1}-1\right]f \tag{3-19}$$

把式(3-17)代入式(3-19)可知，企业的ZCP条件下应该满足：

$$\pi(\tilde{\varphi}) = \frac{\sigma - 1}{k - \sigma + 1} \cdot f \tag{3-20}$$

另外，企业只要经济利润为正，便一直保持生产。只有遭到负面冲击导致利润为负，企业才会退出市场，如果企业遭遇负面冲击的概率为 ξ，则企业连续进入行业的利润即为 $\sum (1-\xi)^t \pi(\varphi)$，运用级数公式化为 $\frac{\pi(\varphi)}{\xi}$。用 V_e 表示企业进入市场的净价值，则：

$$V_e = \frac{(\varphi^*)^{-k}}{\xi} \pi(\tilde{\varphi}) - f_s \tag{3-21}$$

当企业价值超过沉没成本 f_s 时，企业净价值大于 0。这也是企业连续进入市场的动机。但是，在企业自由进入行业又充分竞争的条件下，随着企业数目的不断增多，V_e 的最终结果是减少至 0，从而企业停止进出行业。因此企业自由进出行业的条件（以下简称为"FE"条件）可以表达为：

$$\pi(\tilde{\varphi}) = (\varphi^*)^k \xi \cdot f_s \tag{3-22}$$

综合式(3-20)与式(3-22)可以发现，企业平均利润与临界生产率是互相内生决定的。

$$\begin{cases} \text{ZCP 条件：} \pi(\tilde{\varphi}) = \dfrac{\sigma - 1}{k - \sigma + 1} \cdot f \\ \text{FE 条件：} \pi(\tilde{\varphi}) = (\varphi^*)^k \xi \cdot f_s \end{cases}$$

通过求解该联立方程，即可得到封闭经济均衡下的临界生产率水平 φ^*，这一生产率水平为：

$$\varphi^* = \left[\frac{(\sigma - 1) f}{(k - \sigma + 1) \delta f_s} \right]^{\frac{1}{k}} \tag{3-23}$$

二、开放经济均衡

（一）开放条件下企业的进入与退出

在开放经济条件下，出口企业不仅要面对进入行业之初的沉没成本，还要面对国际市场的两组成本。第一组是投入国际市场的固定成本，比如为了调研国外市场、了解国外市场状况的成本、投入在广告宣传上的营销成本、为适应国外相关法规而改变产品性质或包装的成本以及建立海外销售渠道的成本等。第二组是冰山运输成本，包括出口产品的保管、运输与保险费用。这种费用的存在使得出口产品在运输中不可避免出现价值的自我损耗，最终只有原价值的 g 部分($g<1$)可以到达国外市场。为了商品的保值增值，令 $\tau=\frac{1}{g}$ 代表产品的价格加成(显然 $\tau>1$)，于是出口产品在国际市场的定价 p_x 与其在国内市场定价 p_d 之间满足如下关系：

$$p_x=\tau p_d \tag{3-24}$$

假定本国企业可以面临 n 个对称的出口国，即向哪一个国家出口都面临相同的负面冲击与海外成本，用 r_d 和 r_x 分别代表企业在国内外市场获得的收益，则当企业总的收益函数可以表达为：

$$\begin{cases} r(\varphi)=r_d(\varphi) & \text{(企业内销)} \\ r(\varphi)=r_d(\varphi)+nr_x(\varphi)=(1+n\tau^{1-\sigma})r_d(\varphi) & \text{(企业出口)} \end{cases}$$

类似地，企业在国内外市场所获得的利润分别是：$\pi_d=\frac{r_d(\varphi)}{\sigma}-f_s$ 与 $\pi_x=\frac{r_x(\varphi_x)}{\sigma}-f_x$，于是企业在国内外市场中获得的总利润就可以表达为：

$$\pi(\varphi)=\pi_d(\varphi)+\max[0,n\pi_x(\varphi)] \tag{3-25}$$

由于企业最初进入市场并保持连续生产的动机不变，仍为 ξ，所以企业能够连续进入市场并获得的市场价值仍为 $\frac{\pi}{\xi}$。但是，相对于企业进入国内市场时候的临界生产率 φ^* 不同，定义 φ_x^* 是出口企业的临界生产率，则应该满足 $\varphi_x^*=\inf\{\varphi:\varphi\geqslant\varphi^* \text{ and } \pi_x(\varphi)>0\}$。

(二)开放条件下的加总分析

根据梅里兹模型的基本结论，行业中生产率的两个分界点分别为 φ^* 和 φ_x^*，如果企业的生产率低于 φ^*，则退出行业；如果介于(φ^*，φ_x^*)之间，企业只服务于国内市场；如果企业生产率高于 φ_x^*，则进入出口市场。因此，企业成功进入出口市场的概率应该理解为进入行业的条件概率，用 X 代表这个概率，则 X 可以表达为：

$$X=\frac{1-G(\varphi_x^*)}{1-G(\varphi^*)}=\left(\frac{\varphi_x^*}{\varphi^*}\right)^{-k} \tag{3-26}$$

因为$\varphi^* < \varphi_x^*$，所以$X \in (0,1)$。与式(3-17)相平行，出口企业的平均生产率$\tilde{\varphi}_x$与临界生产率φ_x^*之间满足$\tilde{\varphi}_x = \left(\frac{k}{k-\sigma+1}\right)^{\frac{1}{\sigma-1}} \varphi_x^*$。根据封闭市场与开放市场各自的零利润条件，可以推出开放经济与封闭经济下企业生产率之间的关系：

$$\left(\frac{\varphi_x^*}{\varphi^*}\right)^{\sigma-1} = \frac{r(\varphi_x^*)}{r(\varphi^*)} = \tau^{\sigma-1} \tag{3-27}$$

(三) 开放条件下的均衡分析

开放经济下，首先 FE 条件仍然保持不变，这是因为企业进入行业之初的期望利润仍然是由进入所必需的沉没成本f_s决定，所以 FE 条件仍然描述为$\pi(\tilde{\varphi}_x) = (\varphi_x^*)^k \xi \cdot f_s$。但是，由于企业进入出口市场需要支付额外成本，故而与封闭经济下的 ZCP 条件相对，开放条件下的 ZCP 曲线可以表达为：$\pi(\tilde{\varphi}_x) = \frac{\sigma-1}{k-\sigma+1} \cdot f_x$，利用 FE 条件与 ZCP 条件的联立求解开放条件下的均衡平均生产率，然后代入式(3-27)可得到开放条件下企业进入国内市场的临界生产率，为了与封闭经济时的变量进行简单区分，这里把开放经济下的临界生产率记为φ_t^*，则

$$\varphi_t^* = \left[\frac{(\sigma-1)f}{(k-\sigma+1)\delta f_s}(1+nX)\right]^{1/k} \tag{3-28}$$

与式(3-23)相比，由于$(1+nX) > 1$，所以有$\varphi_t^* > \varphi^*$。这意味着开放经济提高了企业进入行业的临界生产率。封闭经济与开放经济下的临界生产率水平把行业内企业分为三个等级之外，同时也令继续留在行业的企业获得了比重组之前更加优势的劳动资源，行业平均工资水平因此提高。

三、贸易的福利效应

梅里兹模型本身并不包含对于贸易福利效应的讨论，但是仍然可以把代表性企业的工资水平用企业的劳动生产率来表示。首先，在封闭经济下，代表性企业工资(用符号W表示)取决于 FE 条件与 ZCP 条件均衡时的行业平均生产率，根据式(3-15)、式(3-17)以及式(3-23)，可以推得封闭经济下行业内企业的平均工资水平为：

$$W = M^{\frac{1}{1-\sigma}}\rho\left(\frac{k}{k-\sigma+1}\right)^{\frac{1}{\sigma-1}}\left[\frac{(\sigma-1)f}{(k-\sigma+1)\delta f_s}\right]^{\frac{1}{k}} \tag{3-29}$$

根据式(3-15)、式(3-17) 及式(3-28)，开放经济均衡时的代表性企业工资(用符号 W_t 表示) 为：

$$W_t = M^{\frac{1}{1-\sigma}}\rho\left(\frac{k}{k-\sigma+1}\right)^{\frac{1}{\sigma-1}}\left[\frac{(\sigma-1)f}{(k-\sigma+1)\delta f_s}(1+nX)\right]^{\frac{1}{k}} \tag{3-30}$$

比较式(3-29) 和式(3-30)，显然有 $W < W_t$。式(3-30) 表明：出口贸易提高了企业进入行业的生产率门槛，在这种情况下，虽然有一部分本国企业退出了行业，但却促进了优势劳动力更多地向高生产率的企业集中。对外开放不仅重组了行业内部资源，也促进了行业内现有企业工资福利的提高。

综上，本节从两个方面拓展了梅里兹模型：第一，结合劳动力市场的定价原则及成本理论，突破了把企业工资单位化为 1 的基本假定，把企业工资表达为企业平均生产率的函数。第二，规定企业进入行业后的生产率服从概率密度为帕累托分布的具体函数形式，并由此求解出封闭经济与开放经济下企业的平均生产率水平，进而求得出口企业人均工资和非出口企业人均工资。图 3-1 表示出口、企业生产率与工资溢价之间的传导路径。

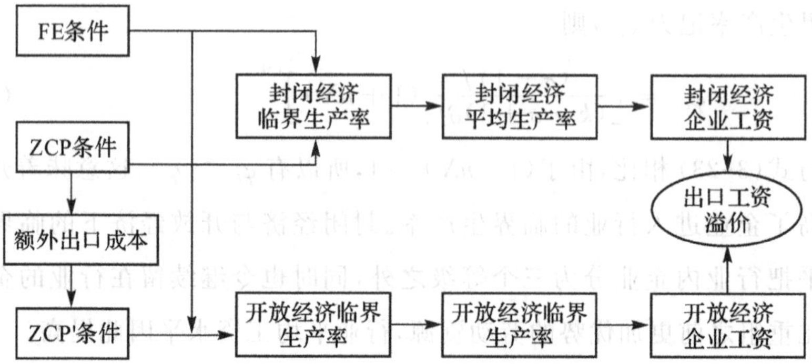

图 3-1　出口对企业工资溢价影响的生产率机制

本节分析中得到三个结论：第一，代表性企业的工资水平取决于产品的丰富程度与企业生产率水平。在产品类别既定的前提下，企业工资水平与企业生产率高低成正比。第二，企业进入行业的临界生产率越高，该企业的人均工资就越高。第三，出口企业由于需要支付额外的冰山运输成本与固定成本，所以出口企业生产率高于内销企业，相应地，出口企业工资水平也高于非出口企业。

第二节　出口对企业工资溢价影响的劳动力构成机制

工资作为劳动力价格，受到劳动力市场供求因素的共同决定。上一节主要从劳动力的需求方 —— 企业方面考察了出口对企业工资溢价的影响。本节将从劳动力市场的供给方 —— 劳动者方面考察出口对企业工资的影响，将结合企业劳动者特征拓展梅里兹模型。

一、封闭经济均衡

（一）需求方面

对消费者偏好的假定与上节完全相同。代表性消费者的效用函数、商品的一般物价指数、单个消费者的需求函数与收益函数均遵循第一节的式(3-1)至式(3-4)。此外，消费者对不同商品之间选择具有对称性，即替代弹性保持不变，仍为$\frac{1}{\rho-1}$。

（二）供给方面

生产方面仍然假定一组 M 个生产异质性产品的企业组成庞大集合，生产中唯一使用的可变要素是劳动，一国劳动的总规模为 L，单个企业消耗的劳动 l。同时，令每个企业工人的平均生产能力为 a。则工人平均生产能力是指生产单位产品而耗费的有效劳动。一般地，如果企业中的高技能工人或熟练工人占比越高，企业工人平均生产能力就越高，生产单位产品耗费的劳动量就越少，企业生产率就会越高。在参考 Helpman 等(2010)对生产函数规定的基础上，本书把企业生产率 φ 与工人生产能力 a 之间的关系构造为：

$$\varphi = Aa^{\gamma} \tag{3-31}$$

其中，常数 A 代表企业生产率和工人生产能力之间的相关系数，γ 代表企业生产率关于工人生产能力的弹性系数①。借鉴 Arrow(1962) 提出的“干中学”(learning by doing) 模型,把劳动者在生产中不断获得知识的过程内生于技术模型中,从规模不变的柯布道格拉斯生产函数拓展为规模收益递增型的生产函数。“干中学”理论认为,人们是通过学习而获得知识,技术进步是知识的产物和学习的结果,学习又是生产经验行动的累积总结。生产经验的动态积累就体现在技术进步上,为生产过程带来规模报酬递增。因此 $\gamma>1$ 意味着劳动者生产能力提高会为企业生产带来规模报酬递增效应。

于是,产量和劳动者生产能力的函数关系就可以表达为:

$$l = f + \frac{q}{Aa^{\gamma}} \tag{3-32}$$

企业在定价时仍然采用成本加成定价法,加成比为 $\frac{1}{\sigma}$,则商品价格与劳动者生产能力之间的关系是:

$$p(a) = \frac{1}{A\rho a^{\gamma}} \tag{3-33}$$

单个消费者的消费量 q 与收益 r 也都可以表达为劳动者生产能力 a 的函数,其中:

$$\varepsilon = \gamma(\sigma - 1)$$

$$r(a) = R(AP\rho)^{\sigma-1}a^{\varepsilon}$$

$$\pi(a) = \frac{R}{\sigma}(AP\rho)^{\sigma-1}a^{\varepsilon} - f \tag{3-34}$$

在上述公式的基础上,就可以得到企业生产率、产量水平及收益关于劳动者生产能力的关系:

$$\frac{q_1}{q_2} = \left(\frac{a_1}{a_2}\right)^{\gamma\sigma}$$

$$\frac{r_1}{r_2} = \left(\frac{a_1}{a_2}\right)^{\varepsilon} \tag{3-35}$$

式(3-35) 反映的重要结论是:在其他条件不变的情况下,企业的产出水

---

① 在 $\varphi = A \cdot a^{\gamma}$ 两边取自然对数,则有:$\ln\varphi = \ln A + \gamma \ln a$,于是 $\gamma = \frac{d\ln\varphi}{d\ln a}$ 表示工人生产能力对企业生产率水平的弹性系数。

平和收益水平都与其内部的工人平均生产能力成正比。一个企业拥有越多高质量劳动力，这个企业的产出水平和经济效益就越高。

（三）加总分析

梅里兹模型的加总分析思路是：先确定企业加权平均生产率$\tilde{\varphi}$与临界生产率φ^*的函数关系，进而把产品的加总价格指数、平均收益与平均利润等变量都表达为临界生产率的函数。因此，这里首先要确定企业加总之后的工人平均生产能力与工人进入一个企业的临界生产能力之间有着怎样的关系，然后把经济社会的各项指标通过平均生产能力表达出来。为此，首先界定工人临界生产能力的概念，指使企业获得零利润时的劳动者生产能力值，也可以理解为当生产率处于临界生产率时对应的劳动者生产能力，用符号a^*表示：

$$\varphi^* = A(a^*)^\gamma \tag{3-36}$$

市场上一共有M个企业，每个企业都生产不同的产品，这些企业的工人平均生产能力在$(0,\infty)$上服从$u(a)$的独立同分布。然后定义：

$$\tilde{a} = \left[\int_0^\infty a^{\sigma-1} u(a) \mathrm{d}\varphi\right]^{\frac{1}{\sigma-1}} \tag{3-37}$$

则$\tilde{a}$的含义是所有企业工人平均生产能力的加权平均(期望值)，代表社会平均生产能力。

企业进入行业之前需要支付沉没成本f_s，然后随机地抽取具有各种生产能力的工人，假定工人能力服从帕累托分布，即$G(a) = 1 - a^{-\gamma k}$其中$(\gamma k > 0$且$a > 1)$，只有当企业进入行业之后才获得一定的生产率水平。如果存在一个劳动者生产能力的门槛值a^*时，当$a < a^*$时，$u(a) = 0$；当$a \geqslant a^*$时，根据条件概率的公式可以计算$u(a)$：

$$u(a) = \frac{k}{Aa^\gamma} \cdot \left(\frac{a^*}{a}\right)^{\gamma k} \tag{3-38}$$

把$u(a)$代入式(3-37)，计算出工人平均生产能力$\tilde{a}$与临界生产能力a^*之间的关系为：

$$\tilde{a} = \left(\frac{k}{k-\sigma+1}\right)^{\frac{1}{\epsilon}} a^* \tag{3-39}$$

在这里可以看出，行业内工人的平均生产能力取决于企业进入行业时要求的最低生产能力水平，并与之成正比。

(四) 封闭经济均衡下的临界生产能力

下面分别构建企业进入行业的零利润条件与自由进入条件。根据式(3-35)可得：

$$\frac{r(\tilde{a})}{r(a^*)}=(\frac{\tilde{a}}{a^*})^{\varepsilon} \tag{3-40}$$

把式(3-40)代入利润与收益的关系式并整理得到：

$$\pi(\tilde{a})=\frac{r(\tilde{a})}{\sigma}-f=r(a^*)\cdot(\frac{\tilde{a}}{a^*})^{\varepsilon}-f \tag{3-41}$$

根据式(3-34)有 $r(a^*)=\sigma f$，结合式(3-39)得到关于平均利润与临界生产能力关系的 ZCP 条件为：

$$\pi(\tilde{a})=\frac{(\sigma-1)f}{k-\sigma+1} \tag{3-42}$$

另外，企业只要经济利润为正，便一直保持生产。只有遭到负面冲击导致利润为负，才会退出市场，如果企业遭遇负面冲击的概率为 ξ，则企业连续进入行业的利润为 $\frac{\pi(\varphi)}{\xi}$。用 V_e 表示企业进入市场的净价值，则这一能力也能表达为企业平均生产能力的函数为 $V_e=\frac{A^{-k}(a^*)^{-\gamma k}}{\xi}\pi(\tilde{a})-f_s$，在企业自由进入行业又充分竞争的条件下，随着企业数目的不断增多，V_e 的最终结果是减少至 0，从而企业停止进出行业。因此 FE 条件可以表达为：

$$\pi(\tilde{a})=\xi f_s A^k(a^*)^{\gamma k} \tag{3-43}$$

综合式(3-40)与式(3-43)可以发现，企业平均利润与工人进入企业的临界生产能力之间相互内生决定。

$$\begin{cases}\text{ZCP 条件}:\pi(\tilde{a})=\dfrac{(\sigma-1)f}{k-\sigma+1}\\ \text{FE 条件}:\pi(\tilde{a})=\xi f_s A^k(a^*)^{\gamma k}\end{cases}$$

通过求解该联立方程，即可得到封闭经济均衡下的临界生产能力水平 a^*，其表达式为：

$$a^*=\left[\frac{(\sigma-1)\cdot f}{(k-\sigma+1)f_s\xi A^k}\right]^{\frac{1}{\gamma k}} \tag{3-44}$$

至此得出了封闭经济均衡下的工资与劳动者生产能力之间的关系，可以总结为如下的结论：在企业数目既定的前提下，代表性企业工资取决于工人平均生产能力，而工人平均生产能力又取决于封闭经济均衡时的临界生产能力，临界生产能力由行业零利润条件与自由进入条件共同决定。临界生产能力越高，平均生产能力就越高，代表性工人的工资也就越高。

二、开放经济均衡

（一）企业的进入与退出

和上节一样，在开放经济条件下，出口企业不仅要面对进入行业之初的沉没成本，还要面对国际市场的固定成本与冰山运输成本。于是，出口产品在国际市场的定价 p_x 与其在国内市场定价 p_d 之间仍然满足 $p_x = \tau p_d(\tau > 1)$。

假定本国企业可以面临 n 个对称的出口国，即向哪一个国家出口都面临相同的负面冲击与海外成本，用 r_d 和 r_x 分别代表企业在国内外市场获得的收益，f_x 代表企业在海外市场面对的生产成本，单个企业的收益关于劳动者生产能力 a 的函数关系式为：

$$\begin{cases} r(a) = r_d(a) & \text{（企业内销）} \\ r(a) = r_d(a) + nr_x(a) = (1 + n\tau^{1-\sigma})r_d(a) & \text{（企业出口）} \end{cases}$$

类似地，企业在国内外市场所获得的利润分别是：$\pi_d = \dfrac{r_d(a)}{\sigma} - f$ 与 $\pi_x = \dfrac{r(a_x)}{\sigma} - f_x$，于是企业在国内外市场中获得的总利润就可以表达为：

$$\pi(a) = \pi_d(a) + \max[0, n\pi_x(a_x)] \tag{3-45}$$

由于企业最初进入市场并保持连续生产的动机不变，仍为 ξ，所以企业能够连续进入市场并获得的市场价值仍为 $\dfrac{\pi}{\xi}$。相对于企业进入国内市场时候的临界生产能力 a^* 不同，定义 a_x^* 是企业进入出口市场对工人要求的临界生产能力，这一能力要高于企业仅服务于国内市场对工人的要求水平，即满足 $a_x^* = \inf\{a : a \geqslant a^* \text{ and } \pi_x(a) > 0\}$。

（二）加总与均衡分析

根据梅里兹模型的基本结论，行业中生产率的两个分界点分别为 a^* 和 a_x^*，如果企业工人的生产能力低于 a^*，则退出行业；如果介于(a^*, a_x^*)之间，这样的工人集聚在内销企业；如果企业生产能力高于 a_x^*，则进入出口市场。因此，企业成功进入出口市场的概率应该理解为进入行业的条件概率，用 X 代表这一概率，则 X 可以表达为：

$$X = \frac{1-G(a_x^*)}{1-G(a^*)} = \left(\frac{a_x^*}{a^*}\right)^{-\gamma k} \tag{3-46}$$

因为 $a^* < a_x^*$，所以 $X \in (0,1)$。与式(3-37)相平行，出口企业的平均生产率 $\tilde{a}_x$ 与临界生产率 a_x^* 之间满足 $\tilde{a}_x = \left(\frac{k}{k-\sigma+1}\right)^{\frac{1}{\gamma}} a_x^*$。根据封闭市场与开放市场各自的零利润条件，可以推出开放经济与封闭经济下企业生产率之间的关系：

$$\left(\frac{a_x^*}{a^*}\right)^{\sigma-1} = \frac{r(a_x^*)}{r(a^*)} = \tau^{\varepsilon} \tag{3-47}$$

开放经济下，首先 FE 条件仍然保持不变，FE 条件仍然描述为 $\pi(\tilde{a}) = \xi f_s A^k (a^*)^{\gamma k}$。但是，由于企业进入出口市场需要支付额外成本，故而与封闭经济下的 ZCP 条件相对，考虑到开放经济下企业的平均收益与封闭条件下的平均收益之比为：$\frac{r_x(a_x^*)}{r_d(a^*)} = \tau^{1-\sigma}\left(\frac{a_x^*}{a^*}\right)^{\varepsilon}$，而国内市场与国际市场的 ZCP 条件分别为：$r_d(\varphi^*) = \sigma f$ 以及 $r_x(\varphi_x^*) = \sigma f_x$，代入平均收益之比即可得到开放条件下 ZCP 条件：

$$\pi(\tilde{a}) = \frac{(\sigma-1)f}{k-\sigma+1}(1+nX) \tag{3-48}$$

于是，综合开放经济下的 FE 条件与 ZCP 条件，就可以得到开放经济均衡时的企业工人进入国内市场的临界生产能力水平，区别于封闭经济下，此处记为 a_t^*，则：

$$a_t^* = \left[\frac{(\sigma-1)\times f(1+nX)}{(k-\sigma+1)f_s \xi A^k}\right]^{\frac{1}{\gamma k}} \tag{3-49}$$

在式(3-49)中，$1+nX>1$，$f_x>f$，所以有 $a_t^* > a^*$。在开放经济下为

了应对额外支出的固定成本，零利润条件需要的劳动者生产能力水平高于封闭时期。几何上的表现是 ZCP 曲线向右移动，而 FE 曲线保持不动。所以 ZCP 曲线与 FE 曲线新的均衡交点位于原交点的右上方。封闭经济与开放经济的临界生产能力水平把工人的就业状况分成三个等级，生产能力低于 a^* 的工人无法就业，生产能力介于 (a^*, a_x^*) 的工人集中就业于内销企业，生产能力大于 a_x^* 的工人就业于出口企业。

三、贸易的福利效应

下面集中讨论一下由封闭走向开放后企业工资水平的变化。封闭经济均衡时，代表性企业工资（用符号 W 表示）取决于 FE 与 ZCP 条件均衡时的行业平均生产率，根据代表性企业工资的计算式 $W = M^{\frac{1}{1-\sigma}}\rho[\tilde{a}(a^*)]^{\gamma}$，代入生产率关于劳动者生产能力的关系式，可得：

$$W = M^{\frac{1}{1-\sigma}}\rho\left(\frac{k}{k-\sigma+1}\right)^{\frac{\gamma}{k}}\left[\frac{(\sigma-1)f}{(k-\sigma+1)f_s\xi}\right]^{\frac{1}{k}} \tag{3-50}$$

类似地，开放经济均衡时的代表性企业工资（用符号 W_t 表示）为：

$$W_t = M^{\frac{1}{1-\sigma}}\rho\left(\frac{k}{k-\sigma+1}\right)^{\frac{\gamma}{k}}\left[\frac{(\sigma-1)f(1+nX)}{(k-\sigma+1)f_s\xi}\right]^{\frac{1}{k}} \tag{3-51}$$

因为 $(1+nX) > 1$，所以 $a^* < a_t^*$，进而有 $W < W_t$。式(3-50) 和式(3-51) 表明：出口贸易提高了出口企业进入国际市场时的临界生产能力，在这种情况下，虽然有一部分本国企业退出了行业或只能服务于国内市场，但是开放条件下的工资水平显著高于封闭条件下的工资水平。贸易自由化迫使生产能力最低的工人失业，高能力或高技能的劳动力集中于高生产率企业，出口不仅引发了行业内部资源的重新配置，也改变了行业内部的人力资源重新配置，使得行业内部的高素质劳动力更多地集中于出口企业。

综上，本节利用梅里兹模型的分析框架，推导了出口、企业工资与劳动者生产能力之间的关系，可以看出：企业工资水平与该企业工人的生产能力正相关，企业出口进一步提高了工人进入行业的能力门槛，导致更多的劳动力失业，但是，留在行业内部的劳动者能够得到更高的工资水平。出口重组了行业内部的人力资源配置。生产能力最高的劳动者向出口企业集中并获得最高工资；生产能力中等的劳动者集中于内销企业，获得低于出口企业的工资水平。而生产能力最低的工人最终将失去就业机会。由于出口恶化了行业整体的就业情况并同时提高了出口企业工资，因此会造成对非出口企业更高的工资溢价。

图3-2表示企业生产能力与出口企业工资溢价之间的内在联系，即生产能力机制。无论是封闭经济还是开放经济，代表性企业的工资水平都取决于行业的平均生产能力水平，而行业平均生产能力是临界生产能力的积分下限函数，故而企业工资最终取决于临界生产能力。而开放经济下的临界生产能力更高，是与企业临界生产率上升的要求相一致的。

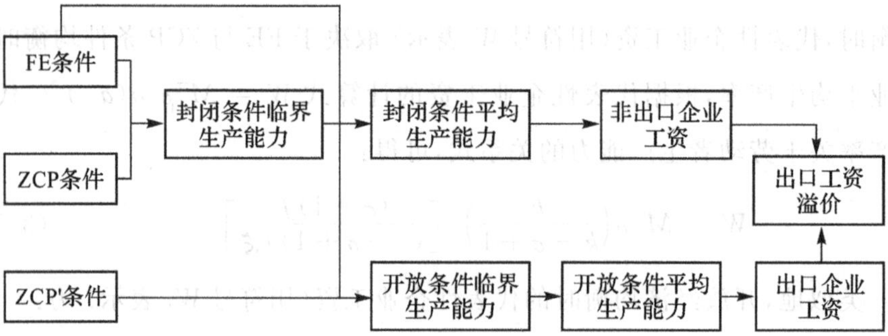

图3-2　出口对企业工资溢价影响的生产能力机制

第三节　出口对企业工资溢价影响的租金分享机制

正如前两节所指出的，以往大量研究都集中在企业异质性（包括企业的生产率、生产规模、出口地位等）对工资的影响，也有部分研究涉及了劳动异质性（包括劳动者的健康、技能、技术、学历与性别等）对工资的影响。但是这些研究结论最终都是代表性企业工资与出口的关系，没能反映不同企业之间的工资差别。本节借鉴“租金分享”的基本思想拓展梅里兹模型，构建了一个劳动力供求相互作用决定工资的分析框架。相对于前两节，本节的特点是：考虑了每个企业工资的差异性，兼顾了企业与劳动方的互动因素对企业工资的影响，找到了出口带来企业工资溢价的来自劳动力市场因素的作用机制。

一、基于"公平偏好"的工资决定

下面来讨论一下企业工资。根据 Akerlof 和 Yellen(1990) 提出的"公平工资"理念,工人只有觉得自己的工资所得是公平的,才会对工作全力以赴。而工资公平与否,主要取决于工人在企业利润中的"租金分享"部分,假设企业中工会成员人数为$\overline{N}$,企业实际雇用工人人数为 N,并且满足 $N < \overline{N}$;企业员工的实际工资为 w,劳动力市场自发均衡时提供的保底工资为$\overline{w}$,则有 $w > \overline{w}$。$u(w)$ 代表工人从工资中可以获得的效用,假如工人是风险中性的,则工会效用函数可以表示为:

$$U(w,N) = N \cdot u(w) + (\overline{N} - N) \cdot u(\overline{w}) \tag{3-52}$$

另外,企业的利润函数可以表达为:

$$\pi = R(N) - wN - f \tag{3-53}$$

如果在工资谈判的过程中,工会能够接受的底线是员工获得保留工资$\overline{w}$;企业能够接受的底线是企业的经济利润 π 为 0。于是,谈判的结果就是实现式(3-54) 的联合利润最大化。

$$\Pi(w,N) = [N \cdot u(w) + (N_0 - N)u(\overline{w})]^{\theta}[R(N) - wN - f]^{1-\theta} \tag{3-54}$$

这里的 $\theta \in (0,1)$ 意指工人对企业利润的分享程度,代表着工人对企业利润的集体议价能力。为了实现式(3-54) 的利润最大化,令$\frac{\partial \Pi}{\partial w} = 0$,经过整理,可以得到如下的公式:

$$\frac{u(w) - u(\overline{w})}{u'(w)} = \frac{\varphi[R(N) - wN - f]}{(1-\varphi)N} \tag{3-55}$$

另外,根据拉格朗日中值定理有:

$$u(w) - u(\overline{w}) = (w - \overline{w})u'(w) \tag{3-56}$$

把式(3-56) 代入式(3-55) 并整理,得到:

$$w = \overline{w} + \theta \cdot \frac{R(N) - wN - f}{N} \tag{3-57}$$

在式(3-57) 中,$[R(N) - wN - f]$ 代表企业利润,结合梅里兹模型的相关结论[①]继续化为：

$$w = \bar{w} + \theta \cdot \frac{\pi(\varphi)}{N} \tag{3-58}$$

式(3-58)揭示了企业工资、工人集体议价能力与企业利润之间的相互关系。企业实际工资等于保留工资与“利润提成”之和。在保留工资不变的前提下，企业工资与工人集体议价能力成正比，与企业整理利润水平成正比。由于在假定中，工人的议价能力被设定为参变量，而企业利润是企业生产率的函数，所以接下来将要验证的是企业出口以后利润水平会不会有所增加。实际上，当企业由内销走向出口以后，出口产品的需求曲线相对右移，供给曲线保持不变，产品的价格就会提升，企业由此可以获得更多的利润。在保留工资与工人集体议价能力不变的前提下，工人也能够分享额外的企业利润进而获得更高的工资，这便是企业工人分享“出口红利”的过程。

二、封闭经济均衡

（一）生产函数

与前两节一样，单个企业的生产函数可以描述为：$N = f + q/\varphi$。其中，f 代表单个企业生产需要支付的固定成本，N 是企业雇佣劳动力的数量，φ 代表劳动生产率，q 是单个企业的产量。在生产函数基础上可以求得企业生产的单位成本为 $\frac{w}{\varphi}$[②]，根据公式(3-6)，以 $\frac{1}{\rho}$ 作为成本加成率，单个产品定价可以表达为：

$$p = w/(\rho\varphi) \tag{3-59}$$

把式(3-59)代入式(3-3)与式(3-4)，每一个生产者获得的收益和利润就可以表示为如下的形式：

$$r = R\left(\frac{w}{\rho\varphi}\right)^{1-\sigma}$$

---

① 在梅里兹模型中，单个企业的利润用符号 π，所以用 $\pi = R(N) - wN - f$ 进行替换。

② 生产函数为 $N = f + q/\varphi$，于是总成本 $C = wN = wf + wq/\varphi$，边际成本 $MC = \partial C/\partial q = \partial(wf + wq/\varphi)/\partial q = w/\varphi$。

$$\pi = \frac{R}{\sigma}\left(\frac{w}{\rho\varphi}\right)^{1-\sigma} - f \tag{3-60}$$

根据式(3-59) 和式(3-60)，企业收益之比都可以表达为生产率之比与工人集体议价能力的形式：

$$\frac{r_1}{r_2} = \left(\frac{\varphi_1}{\varphi_2}\right)^{\eta} \tag{3-61}$$

其中，$\eta = (\sigma - 1)(1 - \theta)$。式(3-61) 反映的重要结论是：在消费者偏好、企业议价能力等不变的情况下，产量水平及收益水平都与生产率表现为正相关的变化关系。

（二）加总分析

如果 $\mu(\varphi)$ 是行业中企业生产率的条件概率密度，则行业平均生产率可以表示为：

$$\tilde{\varphi} = [\varphi^{\eta}\mu(\varphi)\mathrm{d}\varphi]^{\frac{1}{\eta}} \tag{3-62}$$

企业进入行业以后，随机地抽取生产率水平，与前面两节的分析一样，为了最终求得生产率的解析解，假定所有企业的劳动生产率都服从帕累托分布。其分布函数为 $G(\varphi) = 1 - \varphi^{-k}(k > 0$ 且 $\varphi > 1)$，对应的概率密度为 $g(\varphi) = k\varphi^{-(k+1)}$。如果企业获得零利润时的生产率为 φ^* 的话，当 $\varphi < \varphi^*$ 时，企业无法进入行业；当 $\varphi > \varphi^*$ 时，企业才会继续留在行业并获得大于 0 的利润。进入行业的企业，其生产率 $u(\varphi)$ 服从临界生产率之上的条件概率密度为：$u(\varphi) = \dfrac{g(\varphi)}{1 - G(\varphi^*)} = \dfrac{k}{\varphi^*} \cdot (\dfrac{\varphi^*}{\varphi})^k$，其中 $\varphi > \varphi^*$。把 $u(\varphi)$ 代入式(3-62)，可以得到它与临界生产率的关系为：

$$\tilde{\varphi} = \left(\frac{k}{k-\eta}\right)^{\frac{1}{\eta}}\varphi^* \tag{3-63}$$

接下去，将要通过封闭经济均衡来确定临界生产率 φ^*。FE 条件仍然由式(3-22) 给出为 $\pi(\tilde{\varphi}) = (\varphi^*)^k\xi \cdot f_s$，而 ZCP 条件根据式(3-20) 可以推得：$\pi(\tilde{\varphi}) = \dfrac{\eta f}{k-\eta}$ ①，于是联立求得 φ^*：

① 对 ZCP 条件的推导如下：$\pi(\tilde{\varphi}) = \dfrac{r(\tilde{\varphi})}{\sigma} - f = (\dfrac{\tilde{\varphi}}{\varphi^*})^{\eta} \cdot \dfrac{r(\varphi^*)}{\sigma} - f = \dfrac{\left(\frac{k}{k-\eta}\right)^{\eta}}{\sigma} \cdot \sigma f - f = \dfrac{\eta f}{k-\eta}$。

$$\varphi^* = \left[\frac{\eta f}{(k-\eta)\delta f_s}\right]^{\frac{1}{k}} \tag{3-64}$$

三、开放经济均衡

（一）企业的进入与退出

在开放经济条件下，与前面的分析一样，出口产品在国际市场的定价 p_x 与其在国内市场定价 p_d 之间满足 $p_x = \tau p_d$其中 $\tau > 1$。本国企业面临 n 个对称的出口国，即向哪一个国家出口都面临相同的负面冲击与海外成本，用 r_d 和 r_x 分别代表企业在国内外市场获得的收益，则企业总的收益函数可以表达为：

$$\begin{cases} r(\varphi) = r_d(\varphi) & \text{（企业内销）} \\ r(\varphi) = r_d(\varphi) + nr_x(\varphi) = (1 + n\tau^{1-\sigma})r_d(\varphi) & \text{（企业出口）} \end{cases}$$

企业在国内外市场所获得的利润分别是：$\pi_d = \frac{r_d(\varphi)}{\sigma} - f$ 与 $\pi_x = \frac{r(\varphi_x)}{\sigma} - f_x$，于是企业在国内外市场中获得的总利润就可以表达为：$\pi(\varphi) = \pi_d(\varphi) + \max[0, n\pi_x(\varphi)]$。

在开放经济下，出口企业的自由进入市场条件 FE 不变，因为企业最初进入市场面临的成本仍然是 f_s，有可能遭遇的负面冲击仍然是 ξ，所以企业能够连续进入市场并获得的市场价值仍为$\frac{\pi}{\xi}$。但是，相对于企业进入国内市场时候的临界生产率 φ^* 不同，定义 φ_x^* 是出口企业的临界生产率，则进入国际市场的临界生产率应该满足 $\varphi_x^* = \inf\{\varphi : \varphi \geqslant \varphi^*$ 且 $\pi_x(\varphi) > 0\}$。

（二）开放条件下的加总分析

根据梅里兹模型的基本结论，行业中生产率的两个分界点分别为 φ^* 和 φ_x^*，如果企业的生产率低于 φ^*，则退出行业；如果介于(φ^*, φ_x^*)之间，企业只服务于国内市场；如果企业生产率高于 φ_x^*，则进入出口市场。因此，企业成功进入出口市场的生产率分布是企业进入国内市场生产率分布的条件分布。用 X 代表这一概率，则 X 可以表达为：$X = \frac{1-G(\varphi_x^*)}{1-G(\varphi^*)} = \left(\frac{\varphi_x^*}{\varphi^*}\right)^{-k}$，其中 $X \in (0,1)$。与式(3-64)相平行，出口企业的平均生产率$\tilde{\varphi}_x$ 与临界生产率 φ_x^*

之间满足如下的关系：

$$\tilde{\varphi}_x = \left(\frac{k}{k-\eta}\right)^{\frac{1}{\eta}} \varphi_x^* \tag{3-65}$$

（三）开放条件下的均衡分析

FE 条件仍然描述为 $\pi(\tilde{\varphi}_x) = (\varphi_x^*)^k \xi \cdot f_s$。但是，由于企业进入出口市场需要支付额外成本，与封闭经济下的 ZCP 条件相对，开放条件下的 ZCP 曲线可以表达为：

$$\pi(\tilde{\varphi}_x) = \frac{\eta}{k-\eta} \cdot f \cdot (1+nX) \tag{3-66}$$

利用 FE 条件和 ZCP 条件求得开放经济下临界生产率的解析解，然后代入式(3-65) 可得到开放条件下企业进入国内市场的临界生产率：

$$\varphi_x^* = \left[\frac{\eta f}{(k-\eta)\delta f_s}(1+nX)\right]^{1/k} \tag{3-67}$$

与式(3-64) 相比，由于$(1+nX) > 1$，所以开放经济下企业进入行业的临界生产率更高。这意味着在引入了工人集体议价能力基本假定以后，开放经济下企业进入行业的门槛生产率仍然高于封闭经济条件下门槛生产率，贸易迫使一部分企业退出行业，并令行业的生产资源进一步向优势企业集中。

四、贸易的福利效应

根据公式(3-58)，可知代表性企业[①]的工资水平可以表达为：

$$w = \bar{w} + \theta \cdot \frac{\pi(\tilde{\varphi})}{N} \tag{3-68}$$

于是封闭经济条件下这一工资水平[②]即为：

$$\begin{aligned} w_a &= \bar{w} + \frac{\theta}{N} \cdot \left(\frac{r(\tilde{\varphi})}{\sigma} - f\right) \\ &= \bar{w} + \frac{\theta}{N} \cdot \left[\left(\frac{\tilde{\varphi}}{\varphi^*}\right)^{\eta} \cdot \frac{r(\varphi^*)}{\sigma} - f\right] \end{aligned}$$

① 根据梅里兹模型，代表性企业是指实际生产率恰好等于社会平均生产率的企业。

② 从此处开始，w_a 代表封闭经济(autarky)下的工资水平，w_t 代表开放经济(trade)下的工资水平。

$$= \bar{w} + \frac{\theta}{N} \cdot \left[\left(\frac{k}{k-\eta} \right) - 1 \right] \cdot f$$

$$= \bar{w} + \frac{\theta}{N} \cdot \frac{\eta}{k-\eta} \cdot f \tag{3-69}$$

而开放经济下的工资水平为：

$$w_t = \bar{w} + \frac{\theta}{N} \cdot \left(\frac{r(\tilde{\varphi}_x)}{\sigma} - f \right)$$

$$= \bar{w} + \frac{\theta}{N} \cdot \left[\left(\frac{\tilde{\varphi}_x}{\varphi_x^*} \right)^{\eta} \cdot \frac{r(\varphi_x^*)}{\sigma} - f \right]$$

$$= \bar{w} + \frac{\theta}{N} \cdot \left[\left(\frac{\eta}{k-\eta} \right) (1 + nX) - 1 \right] f \tag{3-70}$$

比较式(3-69)和式(3-70)可以看出：因为$(1+nX)>1$，所以有$w_t > w_a$。

由上可见，出口还可以通过租金分享机制提高企业工资水平，而且理论上存在两个作用路径，一是出口通过提高企业利润水平带来工资溢价，二是出口通过提高企业工人的集体议价能力带来工资溢价。由于在假定中，工人的集体议价能力是相对外生的，所以这里主要研究了第一条路径。通过实证发现，出口企业利润水平显著高于非出口企业，所以出口企业工资显著高于非出口企业，上述过程可通过图 3-3 表示。

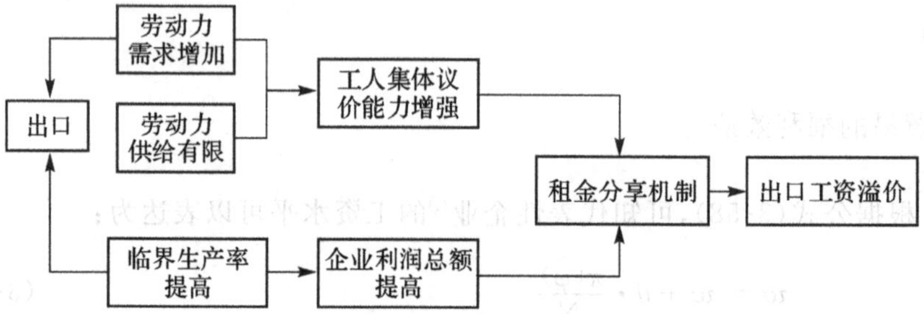

图 3-3 出口对企业工资溢价影响的租金分享机制

第四节 本章小结

本章以梅里兹模型为基础，分别在封闭经济均衡与开放经济均衡下对比了企业工资水平，对出口影响企业工资的三个作用机制进行了理论推导，得出了如下几点结论。

第一，从生产率方面看，出口提高了企业进入行业的临界生产率水平；代表性企业的工资水平与企业平均生产率正相关，因此也间接地取决于临界生产率水平。出口条件下代表性企业的工资严格高于非出口企业的代表性企业工资。也可以理解为生产率越高，支付的工资就越高。

第二，从劳动者生产能力方面看，出口能够提高工人就业的临界能力水平，而代表性企业的工人工资与该企业工人的平均生产能力正向变化，所以出口企业工资水平普遍高于非出口企业。出口不仅带来了行业内的资源重组，也带来了人力资源的重新组合，迫使一部分低于最低要求能力水平的工人退出行业，也促使高素质劳动力更多地流向出口企业。

第三，从工人集体议价能力与生产率水平的联合视角看，每个企业的工资水平取决于该企业的生产率与该企业工人感受到的“公平程度”。在生产率相同的情况下，工人集体议价能力越高的企业个别工资也就越高。而在工人集体议价能力保持不变的情况下，生产率水平与企业工资成正比，在封闭经济走向开放经济后，企业的生存生产率有所提高，所以支付的工资也会变高。

第四章　出口对工资溢价的影响：基于生产率机制的实证检验

出口与工资的关系问题始终是国际贸易理论的热点内容之一。新古典贸易理论的 H-O 框架提出了“要素价格相等”原则，认为在自由贸易过程中，丰裕型生产要素报酬会逐渐下降，稀缺型生产要素报酬会逐渐增加。因此出口会导致以资本密集型生产为主的发达国家内部工资差距逐渐扩大，以劳动密集型生产为主的发展中国家内部工资差距逐渐缩小——这就是著名的斯图尔珀一萨缪尔森定理(简称 S-S 定理)。然而 20 世纪 90 年代以来，无论是发达国家还是发展中国家，都出现了劳动者之间工资差距随出口而不断扩大的现象，这与 S-S 定理的预测不相符合。在这一时期，企业层面数据的可获得性激励了学者们从微观视角去探究出口与工资的关系，并由此形成了丰富的理论与实证研究成果。

相比之下，针对中国出口企业的相关研究起步较晚，而且已有的成果几乎都是经验研究。虽然这些研究肯定了出口对企业工资的提升作用，但对这一过程背后的作用机制缺乏深入探讨。本书的第三章理论推导了出口导致企业工资溢价的三个机制，分别是出口提高企业工资的生产率机制、出口提高企业工资的劳动力构成机制和出口提高企业工资的租金分享机制。从本章到第六章，将运用中国工业企业数据与中国海关数据的联合数据，对三个作用机制进行实证检验。本章主要验证出口提高企业工资的生产率机制。第五章主要验证出口提高工资的劳动力构成机制；第六章主要验证出口提高工资的租金分享机制。

本章的具体安排是：首先从统计描述的角度对出口企业和非出口企业工资差异进行初步比较。其次构建回归方程，利用中国企业微观数据与海关数据检验在控制了企业特征变量后出口能否带来工资溢价。考虑到出口与企业工资之间的“自我选择”效应，为了解决模型的内生性问题，将运用倾向评分匹配法对回归方程进行再次估计。接下去将运用中介效应模型对出口影响企业工资的生产率机制进行检验。最后是扩展分析，依据企业特征差异进行出口工资溢价的分样本检验。

第一节 出口企业工资溢价的“典型事实”[①]

一、数据来源

本章使用的分析数据是中国工业企业数据库和中国海关数据库数据的联合数据。近年来，国际经济学研究越来越重视微观数据的使用，目前常用的中国微观调查数据库有很多，比如中国综合社会调查(CGSS)、中国家庭收入调查(CHIPS)、中国家庭追踪调查(CFPS)等。和其他的微观数据库相比，中国工业企业数据库(CIED)最为详细和全面地反映了企业层面的各项指标，比如工业总产值、新产品价值、固定与流动资产、融资负债、出口交货值、利润总额、从业人数与工资福利等，因此比其他的微观数据库更适合于研究主题。另外，本研究的分析还需要了解企业出口状态、出口方式、出口目的地等信息，因此也同时运用了中国海关数据库数据(CCD)。

中国工业企业数据库由国家统计局建立，数据来源主要是样本企业提交给当地统计局的季报与年报汇总。这套数据包括了三张会计报表：资产损益表、资产负债表和现金流量表。一共包括100多个会计变量。工业企业数据涵盖的企业生产总值占中国总工业生产总值的95%左右。整套数据库包含两类企业：所有的国有企业和年销售额在500万以上的非国有企业，具有样本容量丰富、指标数量多、年份连续等优点，能够较为全面地反映企业经济行为特征。

中国海关数据库包括了产品层面交易的月度数据。每个产品都是在HS8位码上。该数据库主要涵盖了企业进出口状态、出口数量、出口金额、单价、海关编码、出口商品名称、月份、出口目的国、海关口岸、省市、贸易方式、运输方式、中转国、企业性质、国别所在经济区、企业所在经济区、企业及

① Shank(2007)认为出口企业工资高于非出口企业是在绝大多数企业样本中得到的经验结论，故而把其称之为“典型事实(stylized-fact)”。

其联系方式(电子邮件、网址、联系人、电话、传真、地址等)等字段，详尽地揭示了中国进出口企业的国际贸易活动和进口商务活动。

为分析出口对企业工资溢价的影响，笔者对上述两个数据库进行了合并。中国工业企业与海关数据库具有不同的编码系统——工业企业数据库的企业编码为9位代码；贸易数据库中的企业编码位为10位代码。而且工业企业数据库是年度数据、海关数据库是月度数据；两个数据库都存在样本混乱、指标缺失、变量异常值等问题。所以在进行合并之前先对两个数据库各自进行了数据剔除。参考了谢千里(2008)标准，根据如下要求对中国工业企业数据库进行样本剔除：第一，剔除任意年份里出口交货值缺失或者为负的企业；第二，剔除工资水平、固定资产、工业总产值、工业销售收入、从业人数、利润总额、应付工资、应付福利等为负、为0或缺失的企业；第三，剔除固定资产总额在10万元人民币以下的企业；第四，剔除从业人数为8人以下的企业。而中国海关数据库主要是统一了2007年前后的变量名称、剔除缺失观测值的样本，由月度数据合并为年度数据，为合并做好必要准备。

目前对两个数据库的合并方法很多，比较有代表性的方法有如下三种：(1)根据企业名称和年份进行匹配(钱学峰等，2013)；(2)使用邮政编码和电话号码对企业进行匹配识别(余淼杰和梁中华，2014)；(3)采用企业名称匹配以及邮政编码和电话号码匹配后，再取并集(田巍和余淼杰，2013)。本书采用的是第二种合并方法：利用两个数据库共有的字符变量“电话号码”和“邮政编码”进行字符串合并，形成一个叫作“电话邮编”公共字段，然后利用这个公共字段对年度数据进行合并，再把合并后的截面数据转化为面板数据，最终得到2000年到2014年的平衡面板数据①，其中，保留下来的持续经营企业数目为16580家，观测值为198960个。以下将从不同的视角对比分析出口企业与非出口企业的工资水平。

① 中国工业企业数据库数据目前能够公开下载到2014年。

二、出口企业与非出口企业工资的初步比较

(一)年份比较

表 4-1 统计了全部企业工资、出口企业工资、非出口企业工资以及出口与非出口企业工资比值。[①] 从对比中可以发现:无论是全样本、出口企业还是非出口企业中,企业工资水平都随年份表现出总体上升的趋势。但是 2002 年之前,以出口企业与非出口企业工资比值表现出来的溢价程度有所下降;2003 年到 2007 年之间,企业工资增长幅度有了显著提高,出口企业对非出口企业的工资溢价程度也保持单调递增。但是 2011 年至 2014 年,这一溢价程度又表现为大幅度的回落。

表 4-1 出口企业与非出口企业工资的年份对比

年份	全部企业工资/元	出口企业工资/元	非出口企业工资/元	出口企业与非出口企业的工资之比
2000	2400	3596	1800	1.997
2001	2708	3909	2105	1.857
2002	3137	4505	2394	1.882
2003	3570	5159	2700	1.911
2004	4188	5896	3066	1.923
2005	4826	6946	3533	1.966
2006	5664	8304	3956	2.099
2007	6741	9950	4746	2.096
2011	111467	13002	8428	1.543
2012	12810	14376	9706	1.482
2013	13752	15726	10490	1.499
2014	14399	16647	10776	1.545

注:由于在中国工业企业数据库中缺乏 2008 年到 2010 年的应付工资指标,所以表格中没有汇报这 3 年的计算结果。

① 两类企业的工资比值如果大于 1,说明出口企业存在对非出口企业的工资溢价,反之则没有。

(二)行业比较

从不同的分类标准出发,本书统计了不同行业类别下的出口企业工资溢价情况,具体见表4-2。第一种分类是根据国家统计局的《中国高技术产业统计年鉴》,按照GB/T4754—2002行业代码进行重新匹配和调整,把包含核燃料加工、医药制造业、医疗仪器制造业、通信设备制造业等行业在内的8种行业定义为高技术行业[①];在剩下的行业中,把两位行业代码为21—23、25—26、28—32、34及38的行业定义为中等技术行业;两位行业代码为13、14、16—20、25及33的行业定义为低技术行业。经过计算发现,无论哪种行业之下,出口企业工资都显著高于非出口企业,其中高技术行业中出口企业的溢价程度最高,中等行业次之,低技术行业中出口企业的溢价程度最低。第二种行业分类参照了李静和彭飞(2012)的处理方法,首先计算资本—劳动之比的均值,然后资本—劳动之比低于均值的行业被定义为劳动密集型行业,反之则为资本密集型行业。在进行工资分布统计后发现,无论是劳动密集型还是资本密集型行业,出口企业工资都高于非出口企业。但是资本密集型行业中出口企业工资是非出口企业工资的2.24倍,劳动密集行业中的出口企业工资是非出口企业的1.91倍,显然资本密集型行业的出口工资溢价程度更高。第三种行业划分是根据传统制造业划分方法,对行业进行了轻工业和重工业的划分,工资统计的结果显示:重工业中出口企业工资是非出口企业工资的2.45倍,轻工业中为2.18倍,所以重工业中出口企业的溢价程度更高。

表4-2 出口企业与非出口企业工资的行业统计

行业分类	平均工资/元	出口企业平均工资/元	非出口企业平均工资/元	两者比值
高技术行业	26223	39780	10860	3.662
中等技术行业	25724	30073	10721	2.805
低技术行业	16752	23546	9998	2.355
资本密集型行业	30107	35301	15758	2.240

① 包括两位行业代码为24、27以及35到40的行业。

续表

行业分类	平均工资/元	出口企业平均工资/元	非出口企业平均工资/元	两者比值
劳动密集型行业	22796	28040	14619	1.918
重工业	20164	31688	12911	2.454
轻工业	10787	14603	6697	2.181

(三)所有制比较

根据企业性质的不同,对出口企业工资与非出口企业工资进行了分类统计。具体做法是:根据工业企业数据库中"注册类型"的三位代码,把样本企业分作四类,分别是公有企业、私营企业、港澳台企业以及外资企业。[①] 对这四类企业中的出口企业工资与非出口企业工资分别进行统计,可以得到表 4-3 所示的计算结果。根据计算的结果可以看出,除了在港澳台股份公司中不存在出口工资溢价(工资比值为 0.871),其余各类企业中均存在不同程度的出口溢价。在公有企业中,国有出口企业工资高出非出口企业 3.348 倍。私营企业中,出口溢价最高的是股份有限公司,出口企业工资高于非出口企业 2.223 倍。在港澳台企业中,出口企业溢价最高的是港澳台合作企业,其出口企业工资是非出口企业工资的 2.023 倍;在外资企业中,外商投资股份有限公司内部的出口工资溢价最大,出口企业收入是非出口企业的 2.061 倍。

表 4-3　出口企业与非出口企业工资的所有制分布比较

企业性质	具体类型	出口企业平均工资/元	非出口企业平均工资/元	两者比值
公有企业	国有企业	125728	28918	4.348
	集体企业	16639	4745	3.507
	股份合作企业	6009	3080	1.951
	国有独资企业	320012	135236	2.366

① 根据企业的"注册类型",可以较为精确地进行企业性质的划分。本书中的公有企业包括注册代码为 110、120、130、140、151 的企业;私营企业包括注册代码为 159、160、170 到 175 的企业;港澳台企业包括代码为 210、220、230 和 240 的企业;外资企业包括注册代码为 310、320、330 和 340 的企业。

续表

企业性质	具体类型	出口企业平均工资/元	非出口企业平均工资/元	两者比值
私营企业	有限责任公司	53648	18608	2.883
	股份有限公司	87356	27101	3.223
	私营有限责任公司	13784	6399	2.154
	私营股份有限公司	26727	9495	2.815
港澳台企业	港澳台合资企业	19436	10237	1.898
	港澳台合作企业	16479	8146	2.023
	港澳台独资企业	23796	13312	1.788
	港澳台股份公司	60115	69057	0.871
外资企业	中外合资企业	28010	17717	1.581
	中外合作企业	25181	20085	1.254
	外商独资企业	31626	18419	1.717
	外商投资股份有限公司	107400	53262	2.061

从以上分析可以看出,在任意考察年份、任何行业以及各类所有制下,出口企业工资普遍高于非出口企业。但是描述统计进行的仅仅是初步判断,出口能否带来工资溢价还需要通过建立计量模型,采用一定的回归估计方法进一步严格证明与检验。

第二节 出口与企业工资溢价的实证检验

一、回归方程设计与变量说明

(一)回归方程设计

为了分析出口对企业工资变化的影响,就必须首先控制代表企业异质性的各类企业特征变量,此外,还需要考虑年份、企业及行业固定效应,在参考已有相关实证研究的基础上,设计回归方程形式如下:

$$W_{it}=\alpha+\beta\cdot EX_{it}+\sum_{i}\gamma_{i}\cdot \mathrm{FIRMHETERO}_{it}+\sum_{cj}\mathrm{CV}_{cj}+\varepsilon_{it} \tag{4-1}$$

其中，下标 it 代表第 t 年的第 i 个企业。W 代表企业员工的人均工资，取自然对数。EX 代表企业出口状态，FIRMHETERO 代表企业特征变量，CV 代表影响企业工资变化的其他因素，尤其是不随时间变化的外部因素。下面将对各个变量的选取理由与定义方法进行详细说明。

（二）变量说明

1. 被解释变量

方程中的被解释变量是企业员工的人均收入，用应付工资除以从业人数来表示。这样定义工资的好处是能够获得精准的企业层面工资数据，缺点是无法反映员工之间的工资差距。另外需要说明的是在中国工业企业数据库中，应付工资在 2008 年至 2010 年度缺失数据，所以实证回归时不包含这 3 个年份的工资数值。

2. 解释变量

（1）出口变量。出口代表贸易对企业的具体影响，是核心解释变量。根据出口交货值是否大于 0，可以把企业划分为出口企业与非出口企业两类。为此首先定义的出口变量即为企业出口状态（EX）。但是，企业之间的出口交货值相差很大，有的企业只是零星出口、有的企业则是连续出口，所以为了精确描述企业参与贸易的程度与连续性，本书还选择了企业规模（EXPORT），将其定义为出口交货额的自然对数；以及出口密集度（INTEN），将其定义为出口交货值占工业销售产值的比重。

（2）企业特征变量。如果不是出口，企业自身有哪些因素会导致工资差异呢？根据 Bernard 和 Jensen（1995）的论述，企业特征变量包括企业规模、从业人数、工业总产值、资本密集度、福利状况、利润水平等。Bertola（2001）、马述忠和王笑笑（2015）等的研究表明：规模越大的企业支付工资越高。参考 Lipsey（2001）的处理方法，本书用从业人数取对数代表企业规模，用 EMPLOY 表示，预期其对工资的影响方向为正。Heyman（2010）等的研究证明企业绩效与企业工资之间存在显著的正向相关关系，此处把企业盈利程度定义为利润总额的自然对数，用符号 PRO 表示，预期其对工资的影响为正。Riley 和 Bondibene(2017)认为，企业创新能力越强，该企业包含的技能工人就越多，企业人均工资也就越高。本书因此选用企业研发补贴 RD 和新产品产值 NEW 作为企业创新能力的代理变量，对工资的预期影响为正。Munch 和 Skaksen(2008)、孙敬水和丁宁(2019)等的研究结果表明：资本密集度偏高的企业会采用更加先进的技术设备，拥有更高的生产效率并带来更高的工资水平。本书用固定资产与从业人数之比代表企业的资本密集度，用符号 CAP 表示，预期其对工资的影响为正。Lipsey(2001)、许和连等(2009)的研究结果都表明：外资注入会显著提高企业工资。为此本书选择外资参与度 FDI，定义为外商资本与资本总量的比值。预期其对工资的影响为正。邵敏等(2011)认为，企业的负债程度与企业员工工资之间表现为负向相关。本书采用资产负债与工业销售产值的比值代表企业的资本结构，用符号 FC 表示，预期其对工资的影响为负。此外还有研究表明企业续存时间(李静等，2012)对工资有显著影响，为此选择了企业年龄变量 AGE，其数值上等于考察年份减去开业年份再加 1，对企业工资的影响方向不确定。

此外大量研究认为，企业生产率水平对企业工资有显著的正向影响作用。但是由于后面要检验出口影响企业工资溢价的生产率机制，故而不能把企业生产率纳入控制变量，而是在后面的中介效应模型中以中介变量的形式出现。本书的企业生产率采用了全要素生产率 TFP 表示，计算方法采用了鲁晓东、连玉君等(2012)提供的 LP 法。

(3)其他控制变量。为了保证回归结果的稳健性，回归方程还对影响企业工资水平的年份因素、企业因素及行业因素进行了控制。其中年份控制变量的取值范围是 2000 年到 2014 年；为了控制企业固定效应，根据企业“注册类型”3 位代码生成 20 个虚拟变量。其中公有企业包括注册代码为 110、120、130、140、151 的企业；私营企业包括注册代码为 159、160、170 到 175 的企业；港澳台企业包括代码为 210、220、230 和 240 的企业；外资企业包括注册代码为 310、320、330 和 340 的企业。为了控制行业固定效应，根据两位行业代码生成 33 个行业虚拟变量。按照 GB/T4754－2002 标准，把两位代码为 25、27 以及 35 到 40 的行业划分为高技术行业；把两位行业代码为

21—23、25—26、28—32、34及38的行业划分为中等技术行业；两位行业代码为13、14、16—20、25及33的行业定义为低技术行业。以下通过表4-4汇总了模型(4-1)中主要变量的定义方式并进行描述统计。

表4-4　变量定义与描述统计

变量	定义	样本数	均值	标准差	最小值	最大值
W	ln(应付工资/从业人数)	197766	2.939	0.914	6.107	15.108
EX	出口交货值大于0取1,否则取0	198960	0.528	0.499	0	1
EXPORT	ln(出口交货额)	89056	10.407	1.936	0	18.671
INTEN	出口交货值/工业销售产值	166111	0.457	4.32	0	0.993
EMPLOY	ln(从业人数)	198435	5.832	1.148	0	12.019
PRO	ln(利润总额)	163194	10.363	1.667	0	18.992
RD	ln(科研经费)	29000	7.488	2.090	0	16.179
NEW	新产品产值/工业销售产值	198710	0.025	0.169	0	8.790
CAP	固定资产/从业人数	198240	2854.403	267.644	560.981	44509
FDI	外商资本/资产总计	176296	0.082	0.225	0	13.166
FC	负债合计/产品销售收入	182123	0.864	15.285	20.385	5049.131
AGE	考察年份－开业年份＋1	198800	18.835	8.721	1	43
TFP	建立C－D函数,由LP法算得	197440	5.661	0.944	1.018	8.983

二、初步回归与稳健性检验

(一)初步回归结果分析

接下来是利用数据对回归方程进行估计，为了消除可能的异方差而采用了稳健标准误估计，汇报结果如表4-5的第二列所示。可以看到：在控制了企业固定效应、行业固定效应和年份固定效应后，出口企业工资对非出口企业的溢价程度为5.6%，在1%水平下显著，这说明出口能够显著地提高企业员工的工资水平。其他控制变量的回归系数符号与显著程度与预期基本一致。企业规模、盈利程度、研发投入、新产品价值、资本密集度、外资参与程度、企业年龄等企业特征因素都对工资变化有显著的正向影响，这和我们的预期情况相同。此外，只有企业负债状况对工资水平的影响不显著。

出口以外的企业特征因素中,对企业工资影响最大的分别是企业规模、外资参与度和企业盈利水平。

(二)稳健性检验

在进行了初步回归以后,为了检验回归结果的稳健性,本书采用了包括改变对出口变量的度量方式、剔除异常样本点以及引入更多控制变量方式对原模型进行重新估计。汇报结果见表 4-5 的第三列到第五列。

1. 改变出口变量的度量方式。为了能够精准衡量每个企业参与出口贸易的程度,此处用出口规模 EXPORT 代替原计量模型中的出口状态 EX 重新估计,结果显示 EXPORT 的估计系数为 0.009,在 1%水平下显著。这一结论与出口状态 EX 参与回归的结果是一致的。由于 EXPORT 代表出口交货额的自然对数,所以它的回归系数反映了出口对企业工资的弹性关系,即出口交货额每增加 1%,工资就会增加 0.9%。其他企业特征变量的回归系数的符号与显著程度与基础回归基本相同,不再重复论述。

2. 剔除异常样本点。本书采用的微观面板数据涵盖近 20 万样本观测值,因此可能会受到异常样本点扰动而对回归结果造成影响,为保证回归结果的稳健性,采用剔除异常样本点方法对原模型进行重新估计。首先计算了企业应付工资在 1%,2%以及 97%和 99%的分位数,由此剔除了工资偏小与偏大的样本企业,在新样本的基础上对剩余样本进行再度估计,结果如表 4-5 的第四列所示:出口对企业工资的回归系数 0.054 在 1%水平下显著。这说明回归结果是稳健的,而且这一系数对比基础回归模型的回归系数 0.056 略有下降,反映了剔除异常值之后的回归结果更加趋于可信。

3. 引入更多的控制变量。为了考察回归结果是否稳健,还可以在原模型中加入更多的控制变量。这里引入了企业员工性别之比 GENDER,定义为男性员工在企业员工中的占比情况。一般而言,企业男性员工占比越高,则企业生产率水平会相对更高,所以预测其对工资的影响方向为正。加入 GENDER 以后重新估计的结果如表 4-5 的第五列所示,出口变量的回归系数在 1%水平下显著为正,进一步证明了基础回归结果的稳健性。同时,男性员工占比对企业工资的回归系数 0.278 在 1%水平下显著,说明企业男性员工占比越高,企业员工工资就越高——这一点与预测结果完全一致。

表 4-5　基础模型回归与稳健性检验

因变量 W	基础模型回归	改变出口度量方式	剔除异常样本点	引入更多控制变量
EX	0.056*** (5.38)		0.054*** (5.31)	0.060*** (5.80)
EXPORT		0.009*** (2.41)		
EMPLOY	0.797*** (140.32)	0.789*** (86.92)	0.794*** (139.52)	0.807*** (139.80)
PRO	0.121*** (33.90)	0.124*** (22.48)	0.121*** (33.97)	0.115*** (32.20)
RD	0.056*** (21.24)	0.053*** (15.24)	0.054*** (21.17)	0.054*** (20.59)
NEW	0.038*** (2.47)	0.032* (1.76)	0.038*** (2.46)	0.031*** (2.03)
CAP	0.000*** (11.15)	0.000*** (11.53)	0.000*** (11.18)	0.000*** (11.38)
FDI	0.196*** (3.08)	0.168*** (2.32)	0.194*** (3.05)	0.195*** (3.06)
FC	−0.006 (−1.00)	0.007 (0.52)	−0.007 (−1.05)	−0.009 (−1.51)
AGE	0.003*** (10.17)	0.003*** (8.90)	0.003*** (10.15)	0.003*** (10.06)
GENDER				0.278*** (10.23)
时间效应	控制	控制	控制	控制
企业效应	控制	控制	控制	控制
行业效应	控制	控制	控制	控制
cons	2.708*** (24.75)	2.775*** (10.32)	2.727*** (24.86)	2.768*** (25.69)
adj-R^2	0.882	0.878	0.880	0.883
样本数	11748	6651	11719	11721

注：每个括号里汇报的是估计系数对应的 t 统计量，***、**、* 分别代表回归系数在 1%、5%和 10%水平下显著。

以上实证分析说明:在控制了企业异质性特征以及年份、所有制和行业因素后,出口仍然显著地提高了企业的工资,这一结论在改变对出口的度量方式、剔除异常样本点以及加入更多的控制变量后仍然显著,因而是稳健的。

三、分位数回归与结果分析

上述分析采用的是全样本估计。实际上,在同一企业内部的工人之间存在较大的工资差别,出口对低收入者与高收入者的影响不尽相同,为了进一步了解出口对不同收入层次员工工资的具体影响情况,适宜采用分位数回归。以下构造分位数回归方程进行重新估计:

$$Q(W_{it} \mid X) = \alpha^q + \beta^{q*} \mathrm{EX}_{it}^q + \sum_i \gamma_i^q \cdot \mathrm{FIRMHETERO}_{it}^q + \sum_{cj} \mathrm{CV}_{cj}^q + \mu_{it}^q \tag{4-2}$$

在式(4-2)中,每一个变量的上标 q 代表工资分位数。$Q(W \mid X)$ 代表解释变量为 X 的处于 q 分位的被解释变量 W。X 是指与式(4-1)完全相同的各种解释变量统称,μ^q 为误差项。随着 q 的变化,可以得到 W 在 X 上的条件分布轨迹。分位数回归的结果见表 4-6:出口企业对非出口企业的平均工资溢价水平为 3.1%。分位数越低,出口企业工资溢价越高。在 50 分位数以下,出口企业工资溢价均高于平均水平。在 10 分位上,出口企业工资溢价达到最高,为 13.6%,而在 70 分位和 90 分位上,出口甚至对企业工资的影响不显著。分位数回归的结果说明:出口对低收入者的工资拉动作用更明显,或者说低收入群体更容易在出口贸易中受益。其他解释变量对工资影响的表现为:企业规模对工资的影响在收入低分位更明显;企业盈利水平、外资参与度对高收入分位的企业员工工资影响更显著;企业研发投入对高收入群体影响更显著;企业创新能力、资本密集度、企业规模、外资参与度对工资的影响在低分位影响相对显著。资本密集度和企业年龄对各个收入分位上的劳动者工资影响几乎都一致;企业财务状况仅对最高收入分位上劳动者工资的影响是显著的。

表 4-6　出口与企业工资溢价的分位数回归

因变量 W	分位数回归				
	10 分位	30 分位	50 分位	70 分位	90 分位
EX	0.136*** (8.84)	0.063*** (5.66)	0.031*** (2.69)	0.003 (0.25)	0.007 (0.37)
EMPLOY	0.855*** (112.75)	0.841*** (151.77)	0.825*** (145.50)	0.815*** (117.71)	0.785*** (80.29)
PRO	0.103*** (21.72)	0.129*** (37.15)	0.142*** (39.84)	0.144*** (33.11)	0.144*** (23.53)
RD	0.054*** (14.00)	0.051*** (18.22)	0.053*** (18.55)	0.058*** (16.67)	0.070*** (14.10)
NEW	0.068*** (2.79)	0.006*** (0.36)	−0.021 (−1.16)	−0.024 (−1.12)	−0.043 (−1.38)
CAP	0.000*** (9.57)	0.000*** (12.20)	0.000*** (41.60)	0.000*** (64.31)	0.000*** (65.97)
FDI	0.617*** (11.64)	0.737*** (19.04)	0.803*** (20.27)	0.854*** (17.66)	0.859*** (12.57)
FC	0.005 (0.46)	0.017 (0.98)	0.006 (0.76)	−0.009 (−0.89)	−0.044*** (−3.01)
AGE	0.003*** (8.19)	0.004*** (13.33)	0.003*** (14.23)	0.003*** (9.17)	0.002*** (4.39)
企业效应	控制	控制	控制	控制	控制
行业效应	控制	控制	控制	控制	控制
地区效应	控制	控制	控制	控制	控制
cons	1.865*** (46.35)	2.112*** (71.85)	2.325*** (77.27)	2.618*** (71.27)	3.172*** (61.15)
P-R^2	0.597	0.619	0.628	0.638	0.656
样本数	11748	11748	11748	11748	11748

注：每个括号里汇报的是估计系数对应的 t 统计量，***、**、* 分别代表回归系数在 1%、5%和 10%水平下显著。

综上所述，本节利用中国工业企业数据与海关数据的合并数据初步检验了出口与企业工资的关系。研究结果显示：在控制了企业特征变量与时间、行业和企业固定效应后，出口仍然显著地提高了企业员工的工资水平，这一结果在改变对出口变量的测量方式、剔除异常样本点以及纳入更多控制变量后仍然是显著的。进一步研究发现，出口对企业工资的影响在低收入群体中更为显著。这意味着绝大多数低收入者能够通过企业出口获得更多贸易利得，这一结论为鼓励更多的企业出口提供了重要的经验支持。

第三节　内生性问题与倾向评分匹配

上一节的实证分析证明了出口可以导致企业工资溢价，也验证了这一结论的稳健性。但是，一方面，出口会提高工资，另一方面，大量研究显示支付高工资的企业更易于出口（David & Harrigan，2011；Verhoogen，2008）。因此，原计量模型存在由出口与企业工资双向决定而导致的“内生性”问题。

克服“内生性”问题有很多常用的解决方法。比如采用动态面板 GMM 估计，这一操作的优点是出口的滞后项或差分项可以成为出口本身的工具变量，缺点是企业出口状态变量是哑变量而非一般的正数连续变量，因此在进行差分运算时极容易造成“拒真”错误。如果采用面板工具变量法，在实际操作中很难找到一个理想的工具变量，能够完全避免与内生解释变量之间的弱相关性。为了抑制出口与工资之间的“自我选择”效应，即支付高工资的企业更容易出口，就必须构造随机分组、在回归中控制出口之外的可能影响因素。在克服“自我选择”问题上，使用倾向评分匹配法相对于前面两种方法更具优势。虽然无法完全消除内生性，但可以有效缓解企业“自我选择”行为造成的估计偏差。因此本节将采用倾向评分匹配法对原模型进行重新估计。

一、倾向评分匹配法及其步骤

倾向评分匹配法（以下简称为 PSM）目前已经在诸多领域得到了应用。这一方法最大的贡献在于能够在很大程度上缓解样本“自我选择”问题导致的估计偏差。目前在 Stata 中有许多命令可以执行 PSM 分析，譬如 pscore，psmatch2，gpscore，kmatch 等。具体步骤是：首先用处理变量对控制变量进行 Logit 回归，得到倾向得分值。然后把倾向得分值最接近的控制组个体作为实验组的配对样本进行匹配，通过这种方法可以最大程度减少实验组与控制组个体存在的系统性差异。最后还需要进行协变量的平衡匹配检验，也就是说检查实验组和控制组协变量的均值在匹配后是否具有显著差异。如果不存在显著差异，则支持进一步的模型估计。

但是，过往分析都没有解释在进行匹配之前应当如何选择协变量，以实现最佳的拟合效果。为此，本书采用了 Imbens(2015)提出的新方法，利用 psestimate 估计完成协变量的筛选工作。其基本原理是通过比较不同模型的极大似然值，自动筛选出同时包括一阶与二阶形式的最优协变量①。筛选完匹配协变量后，就可以利用常用的匹配方法如近邻匹配、卡尺匹配以及核匹配等进行估计。

近邻匹配是在控制组中找到的与处理组个体倾向得分差最小的个体作为比较对象，然后进行匹配，优点是匹配概率较高但精度有差异。卡尺匹配要求近邻匹配得分差异在一定容忍度"卡尺"内。其主要缺点是，对于如何界定容忍度没有标准的方法。如果容忍度太小，可能匹配的数量较少或没有，方差就较大；如果容忍度较大，可能包括差异大的匹配样本，偏差就较大。核匹配是一种非参数方法，通过构造虚拟对象来匹配处理组，构造的基本原则是对现有控制组进行权数平均，能够避免上述两种匹配的缺陷。但是在样本较大、变量较多的情况下，这一匹配需要进行的计算量极大，耗时极长。所以本书主要采用了近邻匹配法，利用卡尺匹配和核匹配进行稳健检验。

二、匹配过程与结果分析

(一)匹配过程与结果

以下是结合 2000—2014 年中国工业企业数据与海关数据进行出口企业工资的倾向评分匹配估计。首先将样本企业分为处理组和控制组。第一

① Psestimate 的算法原理详见：Imbens, G W. Matching methods in practice: Three examples[J]. Journal of Human Resources, 2015, 50(2): 373-419.

步是运用 psestimate 方法对处理变量(出口)之外的其他解释变量进行筛选,结果显示:纳入最终回归模型的一阶协变量包括 PRO、RD、FC、EMPLOY、FDI、NEW、AGE;二阶协变量包括 PRO^2、FC^2、NEW^2、FDI^2、$EMPLOY^2$、AGE * PRO、EMPLOY * RD、RD * FC、AGE * FC。[①] 第二步是进行倾向评分匹配。本书首先选取了近邻匹配法,然后采用卡尺匹配和核匹配进行稳健性检验。汇报结果如表 4-7 所示。匹配之前,出口企业工资高于非出口企业的工资幅度为 9.8%,匹配后这一效应有所下降。在近邻匹配法之下,出口企业工资高出非出口企业约 7.0%;在卡尺匹配法之下,出口企业工资高于非出口企业 6.4%;在核匹配法之下,出口企业工资高出非出口企业约 7.5%。三种匹配方式下,所有统计量的 T 值均在 1%水平下显著。这说明在控制其他因素的前提下,出口企业工资仍然显著高于非出口企业,而且这一估计的结果是稳健的。

表 4-7 倾向评分匹配处理组的平均处理效应

处理效应	处理组	对照组	工资差距	标准误	T 值
处理前	3.145	3.047	0.098	0.011	8.84
近邻匹配	3.145	3.046	0.070	0.012	5.96
卡尺匹配	3.145	3.043	0.064	0.019	5.31
核匹配	3.145	3.059	0.075	0.014	5.76

(二)平衡匹配检验

匹配过程结束后进行的是平衡匹配检验。一般地,“如果匹配后(Matched)大多数变量的标准化偏差绝对值(% bias)小于 10%”[②],则可认为匹配变量的选取是相对合理的。表 4-8 汇报的是半径匹配的平衡匹配检验结果。可以看到:所有变量在匹配之后的标准化偏差都有不同程度的缩小,偏差绝对值均小于 10%,这说明匹配结果较好地平衡了数据,匹配精度较高。卡尺匹配和核匹配下的协变量均通过了平衡匹配检验[③]。

① 二阶协变量主要是一阶协变量的平方项或交互项。

② 陈强. 高级计量经济学及 Stata 应用[M]. 2 版. 北京:高等教育出版社,2010.

③ 过程类似,此处省略。

表 4-8　平衡匹配检验结果

变量	匹配状态	处理组均值	控制组均值	标准化偏差 /%	缩小程度 /%
PRO	未匹配	10.659	9.623	62.4	98.9
	已匹配	10.647	10.636	0.7	
RD	未匹配	7.016	6.217	37.0	98.0
	已匹配	7.004	6.987	0.8	
FC	未匹配	0.686	0.751	−6.2	88.2
	已匹配	0.687	0.694	−0.7	
EMPLOY	未匹配	6.084	5.012	80.6	98.4
	已匹配	6.073	6.056	1.3	
FDI	未匹配	0.044	0.013	26.9	78.7
	已匹配	0.042	0.048	−5.7	
NEW	未匹配	10.672	9.671	49.7	95.3
	已匹配	10.659	10.612	2.3	
AGE	未匹配	15.823	12.692	20.7	92.6
	已匹配	15.731	15.961	−1.5	
PRO^2	未匹配	116.64	95.095	61.6	98.5
	已匹配	116.34	116.01	0.9	
FC^2	未匹配	1.343	1.875	−2.9	81.7
	已匹配	1.347	1.249	0.5	
NEW^2	未匹配	118.55	96.96	52.8	94.8
	已匹配	118.22	117.09	2.8	
FDI^2	未匹配	0.022	0.005	11.2	62.1
	已匹配	0.020	0.026	−4.2	
$EMPLOY^2$	未匹配	38.957	26.718	78.0	97.8
	已匹配	38.787	38.516	1.7	
PRO * AGE	未匹配	177.26	127.17	27.9	95.2
	已匹配	175.67	178.06	−1.3	
EMPLOY * RD	未匹配	44.433	31.947	65.0	97.3
	已匹配	44.235	43.9	1.7	

续表

变量	匹配状态	处理组均值	控制组均值	标准化偏差/%	缩小程度/%
FC * RD	未匹配	4.806	4.634	2.6	91.7
	已匹配	4.807	4.821	−0.2	
AGE * FC	未匹配	0.428	0.115	24.5	79.4
	已匹配	0.404	0.469	−5.1	

上面的平衡匹配检验显示了匹配前后变量偏差绝对值的分布特征。也可以利用图形直观反映倾向得分的共同取值范围。如图 4-1 所示,大多数观测值都在共同取值范围内(on support),采用倾向评分匹配仅仅损失了少量样本,匹配精度较高。

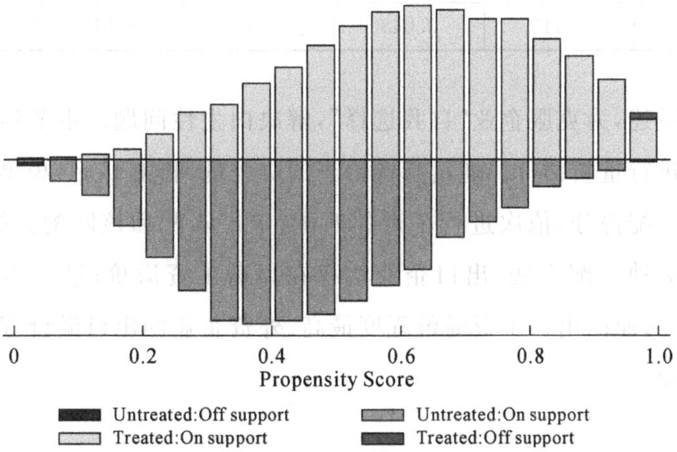

图 4-1 倾向得分的共同取值范围

三、分样本的倾向评分匹配估计

前面利用 OLS 以及分位数回归发现,不同企业类别或行业类别下的出口工资溢价情况不同。为此利用倾向评分匹配进行分样本检验,汇报结果如表 4-9 所示。首先是分所有制检验,无论在哪种类型的企业中,出口企业工资都显著高于非出口企业,匹配之后的工资差距(ATT)显示:国有企业中的出口溢价最高,为 7.8%,其次为外资企业,为 7.4%,港澳台和私人企业的出口溢价相对靠后,分别为 6.3%和 4.2%。从分行业检验显示:无论在哪类行业中，出口企业工资都显著高于非出口企业工资，其中溢价程度最高的是高技术行业，为7.5%，最低的是中等技术行业，上述结果与OLS的分析结论完全一致。

表 4-9　分所有制与行业类别的平均处理效应

分类	处理组	对照组	ATT值	标准误	*T*值
国有	3.121	3.046	0.078	0.011	6.31
私营	3.115	3.046	0.042	0.011	5.90
港澳台	3.116	3.047	0.063	0.012	5.94
外资	3.114	3.046	0.074	0.012	5.79
高技术行业	3.115	3.047	0.075	0.012	5.78
中等技术行业	3.115	3.047	0.057	0.011	4.79
低技术行业	3.115	3.048	0.069	0.011	5.36

综上所述，为克服企业“自我选择”，解决内生性问题。本节运用倾向评分匹配法进行重新估计。通过筛选恰当的协变量，利用Logit模型估计出口概率作为匹配得分，依次进行了近邻匹配、卡尺匹配和核匹配。结果发现：无论采用哪种匹配方法，出口企业均存在显著工资溢价；进一步分析还指出：高技术行业的出口工资溢价程度最高、外资企业的出口溢价程度高于其他类型企业。

第四节　机制检验与扩展分析

前面两节都指出：在控制了企业特征变量后，出口显著地提高了企业工资水平。那么，出口是通过怎样的过程或渠道提高企业工资的？第三章的研究结论指出：出口通过提高企业生产率进而提高企业工资。本节将运用中介效应模型对这一作用机制进行实证检验。

一、中介效应及其检验方法

(一)中介效应

一般来说,如果自变量 X 对因变量 Y 产生影响,但如果 X 变化首先影响到 M,然后由 M 再影响到 Y,就可以认为 M 是中介变量,由它所发挥的作用即为中介效应。

图 4-2 描述了解释变量、中介变量与被解释变量之间的关系。该图分为两个部分,图(a)是自变量 X 作用于因变量 Y,路径系数为 c。由于不涉及中介变量,所以系数 c 反映出自变量作用于因变量的总效应。图(b)是在控制中介变量 M 以后,自变量 X 和因变量 Y 之间的关系。系数 a 代表自变量作用于中介变量的效应,系数 b 表示中介变量作用于因变量的效应,这两部分构成 X 与 Y 的间接效应,系数 c' 代表在控制中介变量后的自变量对因变量直接效应。于是,图(b)中变量之间总效应就应该等于直接效应加上间接效应,即总效应 $=ab+c'$。将图(a)和(b)结合起来,就得到了 $c=ab+c'$,c 为总效应,c' 为直接效应,ab 为中介效应(间接效应)。而中介效应检验就是要检验 ab 效应是否存在,以及它在总效应中的占比程度。在诸多的检验法中,直接针对乘积项 $ab=0$ 的检验方法最多,下面介绍两种目前常用的检验方法。

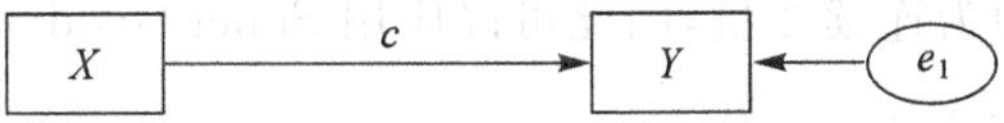

图(a)

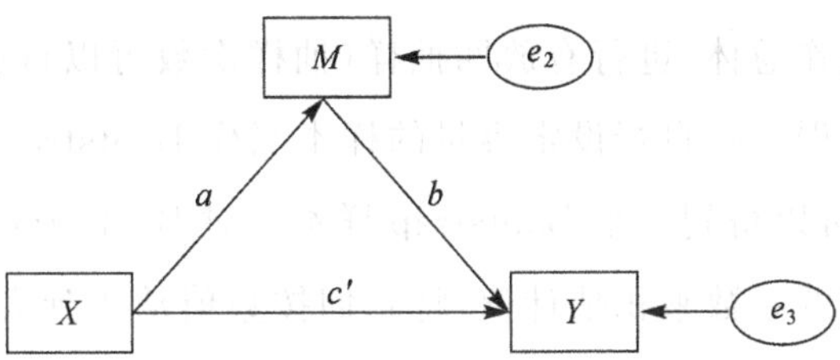

图(b)

图 4-2 中介效应的传递路径

（二）中介效应检验方法

1. Sobel-Goodman 检验法

目前最常用中介效应检验法之一当属 Sobel-Goodman 检验法。这一检验法对应的原假设 H_0：ab＝0，其中$\hat{a}$和$\hat{b}$分别是 a 和 b 的估计量，s_{ab}代表 a 和 b 各自标准差的几何平均数，检验统计量为 $z=\hat{a}\hat{b}/s_{ab}$。如果 $z>2$，则中介效应是显著存在的。具体过程为：Sobel-Goodman 检验依次对 X 与 Y、X 与 M 以及 X、M 与 Y 的关系进行估计，如果中介效应是部分显著的，Sobel-Goodman 检验还会汇报中介变量导致的间接效应在整个效应中的占比情况。温忠麟等（2004）指出："经过大量的模拟实验后发现 Sobel-Goodman 检验法能够检验出较为精确的中介效应。"

但是，Sobel-Goodman 检验法要求检验系数乘积的统计量 z 服从正态分布，这一假定条件在很多样本里实际上难以保证，即使$\hat{a}$和$\hat{b}$各自服从正态分布，两者的乘积也不一定服从正态分布，因而 Sobel-Goodman 检验存在一定的局限性。此外，该检验法要求自变量、中介变量和因变量均为连续变量。如果只有自变量 X 为分类变量时，也可以运用上述检验法，步骤与连续变量完全相同。但是，对于因变量 Y 为分类变量或者中介变量 M 为分类变量的情况，则不能使用 Sobel-Goodman 检验法，而是采用广义结构方程估计等其他方法。本书中的自变量"出口"为分类变量；中介变量"企业生产率"和因变量"企业工资"均为连续变量，因此可以应用 Sobel-Goodman 检验条件。

2. Bootstrap 检验法

Bootstrap 检验的也是 H_0：$ab=0$，它根据标准误的理论概念，将样本容量很大的样本当作总体，进行有放回抽样（抽样次数可以自己定），从而得到更为准确的标准误。将自行设定容量的样本当作 Bootstrap 总体，从中有放回地重复取样，可以得到一个 Bootstrap 样本。对 Bootstrap 样本，可以得到与样本容量相同的系数乘积估计值，将它们按数值从小到大进行排序，其中的第 2.5 百分位点和第 97.5 百分位点就构成 ab 的一个置信度为 95%的置信区间，如果这个置信区间不包含 0，则拒绝原假设。使用 Bootstrap 的前提条件是样本能够代表总体；大量的模拟研究发现，与其他中介效应检验方法相比，Bootstrap 具有较高的统计效力（温忠麟和叶宝娟，2014）。

二、机制检验与结果分析

（一）Sobel-Goodman 检验与结果分析

为了验证第三章第一节推出的"出口企业工资溢价的生产率机制"，这里的中介变量确定为企业生产率，对应的代理变量为全要素生产率（TFP），因为全要素生产率比其他的企业生产率衡量指标更能综合反映技术水平与企业管理等抽象要素的综合贡献。对 TFP 的计算方法采用了 LP 法（鲁晓东和连玉君，2012）。然后根据 Sobel-Goodman 检验法的流程，分别对解释变量与被解释变量，解释变量与中介变量，解释变量、中介变量与被解释变量进行回归，估计结果见表 4-10。

表 4-10 Sobel-Goodman 检验的输出结果

被解释变量	全要素生产率（TFP）	企业工资（W）	
EX	0.067*** (5.45)	0.046*** (9.62)	0.034*** (8.67)
TFP			0.067*** (8.15)
PRO	0.449*** (85.90)	0.291*** (59.92)	0.262*** (42.96)
NEW	0.002 (0.16)	0.01 (0.68)	0.010 (0.67)
RD	0.026*** (10.38)	0.054*** (22.75)	0.052*** (21.97)
EMPLOY	−0.382*** (−60.79)	0.676*** (115.57)	0.701*** (105.96)
FC	−0.302*** (−46.50)	0.024*** (4.06)	0.045*** (6.86)
CAP	−0.000*** (−2.47)	0.002*** (11.10)	0.002*** (11.30)
FDI	0.264*** (9.17)	0.596*** (22.17)	0.614*** (22.82)
AGE	−0.002*** (−10.36)	0.003*** (11.53)	0.003*** (12.26)

续表

被解释变量	全要素生产率（TFP）	企业工资（W）	
企业效应	控制	控制	控制
行业效应	控制	控制	控制
时间效应	控制	控制	控制
cons	−2.246*** (−62.76)	1.395*** (41.90)	1.545*** (40.70)
adj-R^2	0.541	0.871	0.872
样本数	11748	11748	11748

注：表格中每个括号里汇报的是估计系数对应的 t 统计量，***、**、*分别代表回归系数在1%、5%和10%水平下显著。

从表4-10的第二列可以看到：被解释变量为全要素生产率，解释变量为出口。出口对全要素生产率的估计系数在1%水平下显著为正，说明企业出口可以显著地促进企业生产率的提高，这与理论推断的结果完全一致。第三列的被解释变量是企业工资，解释变量是出口，在没有加入中介变量TFP的前提下，出口变量的解释系数为0.046，在1%水平下显著。这说明在其他条件不变时，出口企业存在显著的工资溢价。最后一列的被解释变量为工资，解释变量同时放入了出口和中介变量全要素生产率，其余控制变量全部保持一致。此时出口的估计系数在1%水平下显著，但下降至0.034。说明出口工资溢价效应部分地由中介变量所解释或吸收。综合三条检验路径发现：出口的确通过企业生产率变化影响了企业工资，并且这种影响是出口提升企业工资整体效应中的一个分支渠道。①

中介变量到底在多大程度上影响了企业工资水平？Sobel-Goodman检验还提供了中介效应占比在内的计算结果，详见表4-11。

① 判断中介效应对总效应的影响是全部还是部分，要看同时纳入解释变量和中介变量以后，解释变量估计系数是否显著。如果不显著，说明总效应完全来自中介效应的贡献；如果显著，说明中介变量的影响只占总效应的一个部分。

表 4-11 Sobel-Goodman 检验的显著性分析

效应	系数	标准差	Z 值	P>|Z|
间接效应	0.012***	0.002	5.297	1.2e-07
直接效应	0.034***	0.010	3.379	0.0007
总效应	0.046***	0.010	4.425	9.6e-06
间接效应与直接效应的比率			33.6%	
中介效应在总效应中的占比			25.2%	

注:表格中的***、**、*分别代表回归系数在 1%、5%和 10%水平下显著。

表 4-11 汇报了 Sobel-Goodman 检验中直接效应、间接效应及总效应的系数、标准差与 Z 统计量,所有效应的 Z 值都大于 1.98,所以间接效应、直接效应与总效应都是显著的。而且由生产率带来的中介效应在总效应中的占比为 25.2%。这反映了出口对企业工资影响的中间渠道并不单一,出口可以通过多种路径作用于企业工资水平。

(二)Bootstrap 检验与结果分析

正如上面提到的,由于 Sobel-Goodman 检验对于系数乘积的要求假定过于严苛,所以本书同时采用 Bootstrap 检验法对中介效应进行辅助验证。Bootstrap 检验采用的是重复抽样,即使系数乘积不服从正态分布假定,也能够精确测定中介效应的贡献程度,具有较高的统计效力。以下是对出口企业工资溢价的生产率机制进行检验,样本抽样次数自定为 1000 次,中介变量为全要素生产率 TFP。输出结果将根据间接效应的置信区间来判断中介效应的存在性,如果置信区间不包括 0,则拒绝原假设系数乘积等于 0,这意味着间接效应是显著成立的(见表 4-12)。

表 4-12 Bootstrap 检验的输出结果

效应	估计系数	偏差	Bootstrap 标准误	[95%间接效应置信区间]		
间接效应	0.012	-0.000	0.002	0.007	0.015	[P]
				0.007	0.016	[BC]
直接效应	0.035	0.001	0.009	0.016	0.055	[P]
				0.014	0.052	[BC]

注:表格中 P 代表百分位置信区间,BC 代表偏差校正区间。

表 4-12 给出了 Bootstrap 检验的汇报结果,可以看到间接效应的置信区间在百分位和偏差纠正下的统计都不包括 0,说明中介效应显著存在。此外,间接效应的估计系数为 0.012、直接效应的估计系数为 0.035,于是中介效应在总效应中的比重即为 0.012/(0.012+0.035)=25.5%。这一比值与 Sobel-Goodman 检验法的汇报结果非常接近。

以上检验了出口对企业工资影响的企业生产率机制,一方面是对第三章理论推导的实证检验,另一方面也对出口促进企业工资提高的原因进行可深入分析和解读。

三、出口对企业工资溢价影响的扩展分析

前面的研究指出:在控制企业特征因素后,出口可以提高企业员工的工资水平。但是,出口对企业工资的影响是有差异性的。比如在同一行业内,不同特征(生产规模、技术类型、创新能力、企业年龄等)的企业中出口对企业工人工资的影响不尽相同。而不同行业或具有不同所有制结构的企业,出口对其内部工人工资的影响也不一致。所以接下来的是分样本检验,分析同一行业内部出口对工资溢价的影响以及出口对不同行业、不同所有制工人工资的影响。

(一)企业特征差异与出口工资溢价

企业之间的特征差异很多,本书主要讨论了几个反映企业之间特征差异的重要指标对出口工资溢价的影响,主要分析了不同规模、不同生产技术类型以及不同续存时间的企业中出口对工人工资的影响。

1. 企业规模与出口工资溢价

首先根据中国工业企业数据库的已有指标企业规模,把现有企业分为三类:大型企业、中型企业和小型企业[①],然后根据企业不同规模对出口与企业工资的关系进行分样本估计,结果见表 4-13,可以发现:大型企业中的出口工资溢价最高,为 5.2%;中型企业中的出口工资溢价次之,为 4.9%;小

① 根据“企业规模”对应代码进行分类。其中:大型企业对应的代码为 11 和 12;中型企业对应的代码为 21 和 22,小型企业对应的代码为 30。

型企业中的出口工资溢价为 4.5%。可见,企业规模越大,出口对企业员工的工资影响就越明显。

2. 技术类型与出口工资溢价

根据企业技术类型,本书把企业分为资本密集型与劳动密集型两类,前者是指资本密集度超过该指标均值的企业,后者是指低于该均值的企业。经过分样本回归后发现:无论是资本密集型企业还是劳动密集型企业,出口都会产生显著的工资溢价。但是,资本密集型企业中,出口的估计系数为 6.1%;劳动密集型企业中,出口的估计系数为 4.6%,所以出口对资本密集型企业的工人工资提高更显著。

3. 企业年龄与出口工资溢价

根据企业存续时间进行分类,把企业分为存续时间高于和不超过 20 年的两类企业,然后分别进行分样本回归,回归结果显示,在这两类企业中,出口都对企业工资有显著的提高作用。但是,企业存续时间超过 20 年的企业,出口工资溢价为 7.2%;低于 20 年的企业中,出口工资溢价为 4.3%。可见,出口对存续时间较长企业中工人的工资影响更大。

表 4-13 企业规模、技术类型、企业年龄与企业工资溢价

W	企业规模			技术类型		企业年龄	
	大型企业	中型企业	小型企业	资本密集型	劳动密集型	存续时间较长	存续时间较短
EX	0.052*** (4.95)	0.049*** (4.66)	0.045*** (4.30)	0.061*** (5.36)	0.046*** (5.37)	0.072*** (5.63)	0.043*** (5.29)
EMPLOY	0.791*** (122.4)	0.815*** (149.2)	0.811*** (125.2)	0.797*** (140.2)	0.794*** (139.6)	0.798*** (129.4)	0.797*** (62.31)
PRO	0.144*** (37.80)	0.145*** (38.16)	0.145*** (38.13)	0.120*** (33.75)	0.119*** (33.54)	0.122*** (33.57)	0.108*** (14.23)
RD	0.058*** (21.33)	0.059*** (21.64)	0.060*** (21.76)	0.052*** (15.11)	0.065*** (21.33)	0.054*** (18.85)	0.061*** (10.09)
NEW	−0.016 (−1.02)	−0.051 (−0.96)	−0.017 (−1.08)	0.037*** (2.39)	0.034*** (2.19)	0.042*** (2.20)	0.044*** (1.41)
CAP	0.000*** (6.11)	0.000*** (6.24)	0.000*** (6.20)	0.000*** (11.16)	0.000*** (11.27)	0.000*** (7.41)	0.000*** (10.74)

续表

W	企业规模			技术类型		企业年龄	
	大型企业	中型企业	小型企业	资本密集型	劳动密集型	存续时间较长	存续时间较短
FDI	0.752*** (15.99)	0.751*** (15.97)	0.752*** (16.02)	0.195*** (3.08)	0.197*** (3.09)	0.205*** (3.86)	0.142*** (1.07)
FC	0.008 (1.10)	0.008 (1.14)	0.007 (1.03)	−0.006 (−0.96)	−0.005 (−0.85)	−0.018*** (−2.06)	−0.014 (−0.65)
AGE	0.004*** (12.78)	0.003*** (12.75)	0.003*** (12.63)	0.003*** (10.11)	0.002*** (10.14)	0.003*** (8.39)	0.002*** (6.79)
时间效应	控制	控制	控制	控制	控制	控制	控制
企业效应	控制	控制	控制	控制	控制	控制	控制
行业效应	控制	控制	控制	控制	控制	控制	控制
cons	2.515*** (6.29)	2.376*** (12.75)	2.390*** (58.82)	2.728*** (24.77)	2.720*** (24.95)	2.786*** (22.69)	2.694*** (21.92)
adj-R^2	0.862	0.861	0.862	0.882	0.823	0.884	0.864
样本数	2358	5633	3757	4318	7430	6948	4800

注：表格中每个括号里汇报的是估计系数对应的 t 统计量，***、**、*分别代表回归系数在1%、5%和10%水平下显著。

（二）行业特征差异、企业性质差异与出口工资溢价

出口对企业工人的工资影响差异也体现在行业之间和所有制差异上，不同行业的企业内，出口对其工人工资的影响不一致；不同所有制的企业，出口对工人工资影响也不尽相同。

1. 行业类别与出口工资溢价

根据前面的行业划分标准，此处在高技术行业、中等技术行业与低技术行业中分别进行了估计，结果显示，无论行业等级如何，出口都显著地提高了企业的工资水平。其中，高技术行业的出口工资溢价为7.4%，中等技术行业为2.4%，低技术行业为4.2%（见表4-14）。这说明出口对高技术行业中企业工人的工资影响最显著，对低技术行业中企业工人的工资影响次之，对中等技术行业中工人工资影响最小。值得关注的是，出口对低技术行业企业工人工资的影响超过了中等技术行业，这与前面论证的出口对低收入群体工资影响更显著的结论在某种程度上是一致的。

2. 企业所有制与出口工资溢价

根据前面的划分标准,分别在公有企业、私营企业、港澳台企业和外资企业四种类型下对出口和企业工资水平进行回归,首先,回归结果显示:无论所有制形式如何,出口都显著地提高了企业的工资水平。但是从溢价程度看,公有企业的出口工资溢价最高,为 7.1%,其次是外资企业,为 6.4%,而溢价程度最低的是私营企业,为 4.1%(见表 4-14)。这里可能的原因在于:公有企业多为掌握国计民生资源的大企业,具有较高的生产率水平和企业规模,而且也多为自然垄断型,故而出口对公有企业工资的影响最显著;外资企业多为资本密集型,分布于高端制造业、新能源行业、现代服务业等领域,对人才的需求层次高于内资企业。出口贸易提升了这类企业的生产率水平,也相应提高了劳动者收入。相比之下,私营企业主要从事纺织、服装、印刷、化纤、文教用品等劳动密集型产品的生产,这类企业的出口强度虽然很大,但却以进料加工或来料加工为主,产品附加值低,出口贸易虽然有效地带动了这些企业的就业,却无法有效地提升劳动者的工资水平。

表 4-14 行业类别、所有制结构与企业工资溢价

W	行业类别			所有制结构			
	高技术行业	中等技术行业	低技术行业	公有企业	私营企业	港澳台企业	外资企业
EX	0.074*** (5.54)	0.024*** (2.05)	0.042*** (2.47)	0.071*** (2.68)	0.041*** (3.93)	0.060* (1.77)	0.064** (1.91)
EMPLOY	0.783*** (109.9)	0.832*** (68.86)	0.830*** (55.52)	0.816*** (61.96)	0.827*** (115.4)	0.820*** (49.10)	0.735*** (59.86)
PRO	0.118*** (29.8)	0.105*** (13.90)	0.104*** (10.91)	0.101*** (12.85)	0.104*** (25.19)	0.125*** (12.62)	0.146*** (18.01)
RD	0.066*** (20.04)	0.046*** (8.05)	0.039*** (5.88)	0.052*** (8.31)	0.056*** (16.79)	0.044*** (6.06)	0.071*** (11.99)
NEW	0.062*** (3.37)	−0.043 (−1.06)	−0.046 (−0.75)	0.041 (0.77)	0.043*** (2.33)	−0.074 (−1.50)	0.101*** (2.50)
CAP	0.000*** (11.87)	0.000*** (6.95)	0.000*** (9.46)	0.000*** (3.86)	0.000*** (12.47)	0.000*** (4.64)	0.000*** (4.85)
FDI	0.137** (1.99)	0.151 (1.49)	0.278*** (2.93)	−0.052 (−0.04)	0.934*** (2.54)	0.350 (1.61)	0.206*** (3.85)

续表

W	行业类别			所有制结构			
	高技术行业	中等技术行业	低技术行业	公有企业	私营企业	港澳台企业	外资企业
FC	−0.011 (−1.23)	−0.015 (−0.67)	−0.062*** (2.35)	−0.030* (−1.74)	−0.006 (−0.76)	−0.071*** (−2.34)	−0.040 (−1.12)
AGE	0.003*** (7.80)	0.003*** (4.00)	0.002*** (2.45)	0.002*** (5.26)	0.002*** (7.09)	0.008*** (3.50)	0.005*** (2.53)
时间效应	控制	控制	控制	控制	控制	控制	控制
企业效应	控制	控制	控制	控制	控制	控制	控制
行业效应	控制	控制	控制	控制	控制	控制	控制
cons	2.765*** (42.71)	2.636*** (29.96)	2.651*** (26.19)	2.876*** (15.43)	2.431*** (18.98)	2.405*** (20.46)	2.038*** (20.26)
adj-R^2	0.860	0.895	0.882	0.932	0.878	0.849	0.811
样本数	3977	2328	4493	1752	6220	1375	2401

注：表格中每个括号里汇报的是估计系数对应的 t 统计量，***、**、*分别代表回归系数在1%、5%和10%水平下显著。

第五节 本章小结

本章基于中国工业企业与中国海关的联合数据，既验证了在控制企业异质性特征后，出口能否显著地提高企业工资，又对出口提升工资的中间渠道进行了检验，最后讨论了出口对企业工资溢价影响的差异性。本书得到如下几点重要结论。

第一，在控制企业特征因素与其他影响因素后，出口仍然可以显著地提高企业工资水平。利用微观数据对计量模型估计的结果显示：出口企业工资显著高于非出口企业，溢价幅度为5.6%。在改变了出口变量的度量方式、剔除异常样本点以及加入更多控制变量后对原方程进行重新估计，结果显示出口对企业工资的估计系数均在1%水平下显著，说明这一结果是稳健的。稳健性检验的结果还表明：出口交货额每增加1%，出口企业工资就提高0.9%；在剔除了异常样本点扰动后，出口变量的估计系数有下降的趋势。

利用分位数回归的结果显示：出口对低收入者的工资拉动作用更为明显。或者说，低收入群体更容易在出口贸易中受益。

第二，倾向评分匹配法估计的结果表明，出口仍然显著地提高了企业工人的工资水平。为了克服企业“自我选择”效应导致的内生性问题，采用倾向评分匹配法对计量方程进行重新估计显示：消除内生性影响以后，出口仍然显著地提高了企业的工资水平。其中，运用近邻匹配得到的出口企业工资溢价为7.0％；运用卡尺匹配得到的出口企业工资溢价为6.4％；运用核匹配得到的出口企业工资溢价为7.5％。本书还进行了分样本的倾向评分匹配检验，发现在不同行业类别下，出口均能显著提高企业工资水平，其中高技术行业中的溢价程度最高为7.5％；在不同所有制下，出口均能显著提高企业工资水平，其中公有企业中的出口工资溢价程度最高，为7.1％，外资企业次之，为6.4％。

第三，企业生产率在出口影响企业工资溢价的过程中发挥了中介变量的作用。在分别利用Sobel-Goodman检验和Bootstrap检验后发现：出口显著地提高了企业全要素生产率，进而带动企业工资水平提高。Sobel-Goodman检验法指出：中介效应在出口对企业工资的总效应中占比为25.2％。Bootstrap检验法中这一占比的结果为25.5％。这也反映出还存在出口影响企业工资的其他中间渠道。

第四，出口对企业的工资影响随企业特征、行业性质及所有制结构的不同而展现出差异性。在同一行业内部，由于企业的特征差异，出口对企业工资的影响程度不一样。出口对大规模企业工人工资的影响超过中、小企业。出口对资本密集型企业工人的工资影响程度超过对劳动密集型企业工人。出口对续存时间相对更长企业的工人工资影响更显著。不同行业分类下，出口对企业工资影响程度不一样。其中高技术行业内的出口对企业工人工资的影响最显著、低技术行业中的影响程度次之、中等技术行业中出口对企业工人工资的影响程度最低。不同企业性质分类下，公有类型企业中出口对企业工人工资影响最显著，外资企业中的影响程度次之，港澳台企业和私营企业中出口对企业工资的影响程度最小。

第五章　出口与工资溢价：基于劳动力构成机制的实证检验

上一章从企业异质性视角对出口企业工资溢价进行了相对详细的分析。但是,在整个分析过程中没有考虑到劳动者特征因素对工资的影响。实际上,劳动者的个体特征差别以及不可观测的技能禀赋是影响企业工资的重要因素(李宏兵和蔡洪波,2013)。甚至有研究认为,在控制劳动者特征变量以后,出口企业的工资溢价可能会消失(Schank 等,2007)。因此本章主要从劳动者方面入手,运用企业微观数据验证出口影响企业工资溢价的劳动力构成机制。内容安排如下:第一节从描述统计角度比较出口对不同特征劳动者工资的影响;第二节在同时控制企业特征与劳动力特征下,运用中国工业企业数据与海关数据的联合数据检验出口与企业工资之间的关系;第三节从解决内生性问题的角度出发,运用倾向评分匹配模型进行重新估计;第四节进行出口影响企业工资溢价的机制检验并结合劳动者特征进行扩展分析;第五节探讨出口对企业内性别工资溢价以及技能工资溢价的影响。

第一节　数据来源与描述性统计

一、数据来源

劳动力特征差异是指包括劳动者的年龄、性别、学历、生产经验、婚姻状况、技能层次等在内的所有可能差别。在中国工业企业数据库中,只有 2004 年数据包含较为全面、详细的劳动者特征指标,如劳动者的性别、职称、学历、技能、工会人数等。为了获得劳动力特征数据,因此本章采用了 2004 年中国工业企业与海关数据的合并数据。为了保证数据质量,利用如下的标准对数据进行筛选:(1)删除所有工业总产值、工业销售值、固定资产总额、应付工资、应付福利为负和 0 的企业;(2)删除从业人数小于 10 的企业;(3)删除固定资产小于 10 万、当年工业总产值小于 500 万的企业;(4)删除出口交货额小于 0 的企业。筛选之后保留了 197818 家企业。其中出口企业 57494 家,占所有企业比重的 29.06%。

二、描述性统计

接下来，将结合样本数据对出口企业与非出口企业的劳动力构成以及工资分布进行对比说明。首先来看出口企业与非出口企业的劳动力构成对比，为此本书统计了出口企业和非出口企业各类就业人数，同时也统计了女性样本的就业人数，具体结果见表 5-1。

表 5-1　出口企业与非出口企业的就业情况比较

	出口企业/人	非出口企业/人	比值
从业总数	410785	178990	2.295
从业总数(女)	210044	64600	3.251
研究生	1254	462	2.714
研究生(女)	261	78	3.346
本科生	17544	7084	2.476
本科生(女)	5278	1877	2.811
高级职称	3927	2003	1.961
高级职称(女)	824	328	2.512
中级职称	13701	7572	1.809
中级职称(女)	4217	1962	2.149
高级技师	889	481	1.848
高级技师(女)	166	54	3.074
普通技师	3572	1839	1.942
普通技师(女)	590	244	2.418
高级工	14479	6665	2.172
高级工(女)	3456	1413	2.445
中级工	26367	11878	2.219
中级工(女)	8259	3113	2.653

(一)出口企业与非出口企业的就业情况比较

先来看全样本的情况：从就业人数看，出口企业从业人数约为非出口企业的 2.29 倍；从学历构成看，出口企业拥有更多高学历人员，其中本科学历从业人数是非出口企业的 2.47 倍;研究生学历的从业人数为非出口企业的 2.71 倍。从职称结构看,出口企业的职称结构优于非出口企业,其中出口企业的高级职称人数为非出口企业的 1.96 倍,中级职称人数为非出口企业的 1.8 倍;从工人技能结构看,出口企业的高技能人员多于非出口企业——出口企业的高级技师人数约为非出口企业的 1.81 倍、普通技师人数是非出口企业 1.94 倍、高级工人数是非出口企业 2.17 倍。可见,出口企业的劳动力构成直观优于非出口企业。

另外,在女性员工样本中也有相同的结果。表 5-1 的每个统计指标平行汇报了女性劳动者的从业情况。出口企业总体从业人数高于非出口企业 3.25 倍;出口企业的女性高学历者数量明显优于非出口企业,其中本科学历的从业人数是非出口企业的 2.81 倍;研究生学历的从业人数是非出口企业的 3.35 倍。出口企业的女性职称比值明显高于非出口企业,其中高级职称人数为非出口企业的 2.51 倍,中级职称人数为非出口企业的 2.14 倍;出口企业的女性技能工人比优于非出口企业,其中高级技师人数为非出口企业的 3.07 倍、普通技师人数为非出口企业的 2.42 倍、高级工人数为非出口企业 2.45 倍。

综上,出口企业比非出口企业具有更优质的劳动力构成,这一对比结果在女性分样本中也同样成立。

(二)出口企业与非出口企业员工的工资比较

本书对比了出口企业与非出口企业中具有相同性别、学历、职称及技能水平的劳动者工资情况,具体结果见表 5-2。学历方面:从小学学历直到研究生学历,无论在出口企业还是非出口企业的内部,工人工资都会随劳动者学历层次的上升而递增。同时,各个学历层次的出口企业工资均高于非出口企业,而且超出的幅度都在 2.3 倍以上。从职称结构看,无论是出口企业还是非出口企业内部,高级职称者的收入都是最高的,但是中级职称者的工资却低于低级职称者的工资,一个可能的解释是中、低级职称的岗级工资差别不大,但低职称劳动者凭借更加繁重的工作量获得了更高的劳动收入。此外,同一职称下的出口企业劳动者工资显著高于非出口企业,高出幅度均在 2.3 倍以上。从技能等级方面看,无论是出口企业还是非出口企业,工人的人均收入与技能等级严格挂钩，高级技师的收入水平最高，中级工及以下的收入水平最低。而在同一技能层级上，出口企业工人的人均收入显著高于非出口人均收入，高出幅度都在2.7倍以上。这种薪酬对比反映了出口企业对技能工人的需求量相对更大。最后，从性别的角度看，无论是出口企业内部还是非出口企业内部，男职工工资水平均高于女职工工资。同一性别下的出口企业员工高于非出口企业，高出幅度都在2.6倍以上。

表5-2 出口企业与非出口企业的员工工资比较

		出口企业工资/万元	非出口企业工资/万元	比值
学历层次	研究生	2538.986	1074.883	2.362
	本科	1058.339	445.581	2.375
	专科	811.616	325.296	2.495
	高中	740.028	283.409	2.611
	初中以下	735.057	283.744	2.590
职称结构	高级职称	1610.601	593.257	2.714
	中级职称	1053.878	400.562	2.630
	低级职称	1148.661	493.423	2.327
技能等级	高级技师	2394.470	784.100	3.053
	技师	1871.170	665.503	2.811
	高级工	1785.870	614.978	2.903
	中级工	1365.910	489.514	2.790
性别差异	男性员工	739.345	280.803	2.633
	女性员工	733.460	277.229	2.645

从初步统计结果可以看出：出口企业的劳动力构成优于非出口企业。在出口企业中，员工可以获得的工资明显高于具有相同学历、职称、技能非出口企业员工。此外，分性别来看，出口企业的工资水平均高于非出口企业。而且在出口企业中，性别工资的差异相对更大。

第二节 回归方程设计与结果分析

一、回归方程的设计

(一)回归方程

通过第一节初步判断可以发现:企业工资水平与劳动者的个体特征紧密相关;出口企业员工工资高于具有相同劳动力特征的非出口企业员工。为了验证上述判断,本章在第四章计量方程(4-1)的基础上加入劳动力特征变量进行回归。拓展后模型的具体形式如下:

$$W = \alpha + \lambda^{*} EX + \sum \beta_i FIRMHETERO_i + \sum \gamma_j HUMANHETERO_j + \sum \varphi_k control_k + \varepsilon \tag{5-1}$$

其中,被解释变量 W 代表企业人均工资的自然对数,EX 代表出口变量;$FIRMHETERO_i$ 代表企业异质性特征解释变量;$HUMANHETERO_j$ 代表劳动力异质性特征解释变量;$control_k$ 代表了所有制、行业、年份等控制变量;ε 为模型的误差项。下面对各个变量的选取理由进行详细说明。

(二)变量描述

本章仍然以企业应付工资的自然对数作为被解释变量。解释变量包括三类:出口变量、劳动力特征变量、企业特征变量;此外为了控制宏观环境因素的影响,同时固定了时间、行业与所有制效应。

1. 出口变量

与第四章相同,出口变量包括企业出口状态(EX)和企业出口强度(INTEN);前者是以出口交货额是否为 0 划分的状态变量,后者是出口交货额与工业销售产值之比。

2. 劳动力特征变量

Halic 等(2012)认为:劳动者年龄、性别、出身背景、身体素质、大脑机能等先天因素以及知识水平、地域背景、婚姻状况、工作经历、宗教信仰、行为习惯、交流方式等后天因素都会导致劳动者能力差异。而劳动者能力差异与工资关系的经验研究有很多:Gibbons 和 Waldman(2006)、孙敬水和丁宁(2019)等的研究认为,工人的工作经验与工人受教育年限对企业工资具有重要的正向影响。李利英和董晓媛(2008)发现企业工资水平与企业的性别构成有密切联系。Ritter(2012)指出,劳动者能力与企业技术水平之间存在互补性。高学历或高技能劳动力占比越多的企业,其平均工资水平也就越高。

在上述研究基础上,本书选取了劳动者性别、学历与工作经验作为劳动力特征解释变量。性别(MALE)定义为男性劳动力在全部从业人数中的比重,反映企业内部的性别构成。学历(EDU)指本科及以上劳动力在全部就业人数中的比重,它可以反映企业内部劳动力的受教育程度。工作经验(EXPER)是指劳动者的生产经验。由于工业企业数据中并无这一指标,为此参考了刘长庚等(2014)的处理方法,以企业年龄作为代理变量生成分类变量:企业年龄超过 10 年代表富有经验的劳动者群体,赋值为 3;企业年龄介于 5 年到 10 年代表中等经验的劳动者群体,赋值为 2;企业年龄低于 5 年为缺乏工作经验群体,赋值为 1。需要说明的是,为了验证出口工资溢价存在劳动力构成机制,本书选取了企业的劳动力构成(TECH)作为中介变量,定义为技师及以上劳动力占比。显然,当劳动力构成偏高时,说明企业拥有更高比例的高技能劳动者,因此企业的平均劳动者能力更强。这一变量作为中介变量不纳入基础模型。

3. 企业特征变量

企业特征变量与上一章的规定大体相同,只有个别解释变量进行了调整:一是为了避免与员工工作经验产生弱多重共线性,此处去掉了企业年龄变量(AGE)。二是加入了企业是否有工会(LU)状态变量[①]。大量研究证明:存在工会组织的企业往往更有利于保障员工的合法权益(袁青川等,2017)。其他企业特征变量定义与第四章一致,包括企业绩效(PRO)、创新能力(NEW)、研发投入(RD)、资本密集度(CAP)、外资参与度(FDI)、企业

① 工业企业数据库中只有 2004 年、2006 年、2007 年等少数年份存在“是否有工会”这一指标,所以上一章里没有把它纳入企业特征变量。

规模(EMPLOY)、资本结构(FC)。

4. 控制变量

为了保证回归结果的稳健性,回归方程还对影响企业工资水平的时间因素、企业因素及行业因素进行了控制。为了控制企业固定效应,根据企业“注册类型”三位代码生成20个虚拟变量。为了控制行业固定效应,根据两位行业代码生成33个行业虚拟变量。表5-3汇总了主要变量的定义与描述性统计。

表 5-3 主要变量定义与描述统计

	符号	定义	样本数	均值	标准差	最小值	最大值
因变量	W	ln(应付工资/从业人数)	197818	7.116	1.239	1.945	15.267
出口	EX	出口交货值大于0时取1	197818	0.291	0.454	0	1
	INTEN	出口交货值/销售产值	197818	0.182	0.352	0	1
劳动力特征变量	MALE	男性劳动力占比	197818	0.584	0.466	0.136	1
	EXPER	根据企业年龄生成	197818	1.872	0.865	1	3
	EDU	本科及以上员工占比	197818	0.122	0.397	0	0.624
	TECH	技师及以上员工占比	197818	0.117	0.420	0	0.727
企业特征变量	PRO	ln(利润总额)	197773	10.036	1.205	5.252	18.456
	RD	ln(科研经费)	88310	2.907	1.519	0	11.131
	NEW	新产品产值/销售产值	178178	6.827	1.986	0	15.664
	EMPLOY	ln(从业人数)	197818	4.709	1.102	2.303	11.696
	CAP	固定资产/从业人数	197818	108.060	3570.94	0.432	15046
	FDI	外商资本/资产总计	197818	0.029	0.136	0	21.296
	FC	负债合计/产品销售收入	197818	0.557	5.360	0	2.314
	LU	有工会取1,否则取0	197818	0.463	0.498	0	1

二、基础模型回归与稳健性检验

(一)回归结果

接下来是利用数据对回归方程进行估计,为了消除可能的异方差而采用了稳健标准误。结果如表5-4所示,第一列是基础回归结果,第二列到第四列是稳健性检验，分别考虑了更改工资度量方式、更改出口度量方式，仅采用女性劳动力样本进行回归以及剔除异常样本点的影响。

表 5-4 基础回归与稳健性检验

被解释变量 *W*	基础回归	更改工资度量	更改出口度量	仅采用女性样本	剔除异常样本点
EX	0.071*** (15.59)	0.074*** (15.76)		0.070*** (18.79)	0.070*** (13.79)
INTEN			0.047*** (6.87)		
MALE	0.051*** (3.76)	0.042*** (3.39)	0.048*** (3.78)	0.002*** (0.16)	0.082*** (13.74)
EXPER	0.031*** (13.43)	0.034*** (14.44)	0.033*** (14.12)	0.031*** (15.95)	0.028*** (10.85)
EDU	1.808*** (21.95)	1.807*** (21.60)	1.807*** (21.93)	0.843*** (34.38)	2.250*** (44.61)
PRO	0.162*** (56.02)	0.166*** (56.61)	0.164*** (56.84)	0.151*** (63.14)	0.148*** (53.50)
RD	0.089*** (47.94)	0.094*** (50.02)	0.090*** (48.13)	0.077*** (50.93)	0.084*** (45.73)
NEW	0.029*** (20.09)	0.030*** (20.34)	0.030*** (20.42)	0.025*** (21.69)	0.028*** (18.38)
EMPLOY	0.734*** (199.92)	−0.276*** (−74.92)	0.736*** (200.80)	0.759*** (272.35)	0.762*** (228.93)
CAP	0.000 (1.50)	0.000 (1.46)	0.000 (1.50)	0.000 (1.66)	0.000*** (23.73)
FDI	0.209*** (6.30)	0.217*** (6.61)	0.217*** (6.39)	0.195*** (7.54)	0.228*** (8.94)
FC	0.008*** (3.34)	0.008*** (3.67)	0.008*** (3.34)	0.009*** (4.73)	0.006*** (4.02)
LU	0.038*** (8.97)	0.043*** (10.18)	0.038*** (9.08)	0.034*** (10.32)	0.032*** (6.74)
时间效应	控制	控制	控制	控制	控制
企业效应	控制	控制	控制	控制	控制
行业效应	控制	控制	控制	控制	控制

续表

被解释变量 W	基础回归	更改工资度量	更改出口度量	仅采用女性样本	剔除异常样本点
cons	1.824*** (68.25)	1.944*** (73.34)	1.778*** (67.58)	1.881*** (88.23)	1.831*** (70.62)
adj-R^2	0.895	0.397	0.893	0.894	0.686
样本数	57993	57993	57993	81554	57917

注:每个括号里汇报的是估计系数的 t 统计量,***、**、* 分别代表回归系数在 1%、5% 和 10% 水平下显著。

表 5-4 中第一列基准估计的结果显示:在同时控制了企业异质性、劳动力异质性以及固定了企业、行业与时间效应后,出口解释变量的回归系数在 1% 水平下显著,这意味着出口企业对非出口企业仍然存在工资溢价,溢价程度为 7.1%。此外,除了资本密集度 CAP 的回归系数不显著,其他解释变量的回归系数都在 1% 水平下显著。从劳动力特征解释变量方面看,企业性别比 MALE 的回归系数显著为正,说明男性占比越高,企业的人均工资就越高。员工工作经验 EXPER 的系数显著为正,说明富有劳动经验的生产者越多,企业人均工资水平就越高。受教育程度 EDU 的系数显著为正,说明高学历者占比越高,企业人均工资就越高。上述结论与之前的描述性统计全部一致。企业特征方面的解释变量符号与系数显著程度与第四章大体一致,此处不再赘述。

从基础回归模型的估计结果可以得出,在控制了企业方面与劳动力方面的基本特征以后,出口仍然能够带来企业工资水平的提高。下面将对这一估计进行稳健性检验。

(二)稳健性检验

稳健性检验的常见思路包括:内生性检验、一般变量替换、剔除异样样本、变换检验样本、加入更多控制变量等。由于考察本书的内生性以及解决该问题是相对重要的内容,因此将在下一节对此进行专门的论述。所以,此处采用的稳健性检验方式包括:变量替换——更换了被解释变量工资与解释变量出口的度量方式再进行估计,变换检验样本——把劳动力全样本数据换成女性样本再进行估计,以及剔除异常样本点之后再进行重新估计共三种检验方式。结果依次见表 5-4 的第二列到第五列。

1.更改工资的度量方式

原模型中被解释变量工资的测度方式为应付工资的自然对数，为了验证结果的稳健性，这里采用了对工资更广义的测度方式——把应付工资与福利费、住房公积金与保险费和作为劳动力的实际工资。然后利用基础模型进行再度估计，得到的回归结果中，出口对企业工资的回归系数为 0.074，在 1%水平下显著。说明利用实际工资进行估计也得到了一致性的结论。

2.更改出口的度量方式

第二种稳健性检验的思路是改变出口的测量方式，用出口强度代替出口状态进行基础回归。出口状态的弱点在于无法反映不同企业之间的出口程度差别，用出口强度代替出口状态作为解释变量，能够较好地体现不同企业之间的出口差别。重新估计后，出口强度的回归系数为 0.047，在 1%水平下显著。这说明在控制了企业特征和劳动力特征的前提下，企业工资随出口强度加强而不断增加。

3.仅采用女性样本回归

第三种稳健性检验的思路是进行变换样本区间再回归。得益于中国工业企业数据库中相对全面的女性劳动力特征指标，本书把性别、工作经验与受教育情况都采用了女性劳动力的样本数值进行再次估计，得到出口变量的回归系数为 0.07，而且在 1%水平下显著，说明仅采用女性劳动力样本进行回归也同样得到了显著的结论。

4.剔除异常样本点

由于运用基础回归可能会因异常样本数值而异，为了保证结果的稳健性，可以采用剔除异常样本点的方法。具体地，本书首先计算了企业应付工资在 1%，2%以及 97%和 99%的分位数，并且剔除了这些异常数值，在新样本的基础上对剩余样本进行再度估计，结果表明：出口对企业工资的回归系数仍然在 1%水平下显著。

三、分位数回归与结果分析

OLS 估计要求计量模型的随机扰动项服从均值为 0 的同方差分布，此时回归系数即为最佳线性无偏估计(BLUE)。但是在实际经济现象中,这种假设常常不被满足,例如数据出现“尖峰”分布或“厚尾”分布,说明此时扰动项存在显著的异方差,若再采用 OLS 估计,结果的稳健性就会很差。为此对出口企业和非出口企业的工资进行核密度分布统计,汇报结果如图 5-1 所示。出口企业工资水平主要集中于均值附近,而且出口企业的工资均值大于非出口企业。非出口企业的工资分布左偏较为明显,距离工资均值两侧越远,工资分布就越分散,符合“尖峰厚尾”型分布特点,说明原模型的扰动项可能存在异方差。此时对原模型采用分位数回归会比基础回归的结果更为可信。

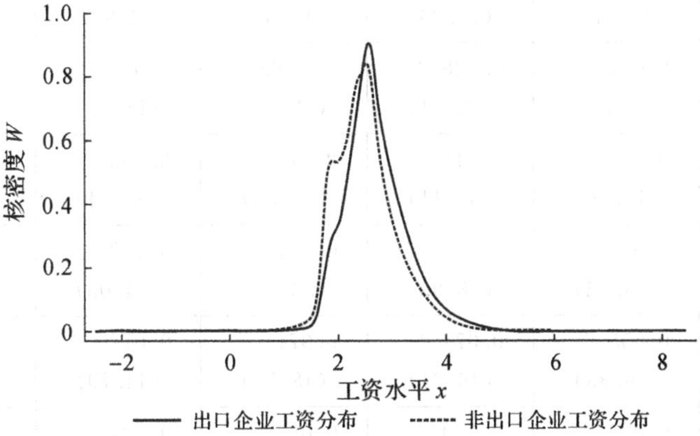

图 5-1 2004 年全样本工资的核密度分布

利用分位数回归可以考察在不同条件分布、不同位置的出口与企业工资之间的关系,首先建立企业工资的分位数回归方程,如下所示:

$$Q_q(W|x)=X\beta_q+\varepsilon \tag{5-2}$$

在式(5-2)中,$X\beta_q$ 代表解释变量与估计系数之间的向量叉乘。X 包括出口虚拟变量、企业异质性变量、劳动力异质性变量以及所有的控制变量,ε 代表误差项。采用分位数回归能够把残差绝对值的加权平均作为最小化目标函数,这样不易受到异常样本点影响,对误差项的分布状态也没有过于严格的要求,估计结果也更加稳健。$Q_q(W|x)$ 表示在解释变量为 x 的情形下,处于 q 分位的被解释变量 W,β_q 为 q 分位的回归系数,其估计量 $\hat{\beta}_q$ 可以通过如下的函数估计得到:

$$\min_{\beta_q} \sum_{i:y_i > x_i\beta_q}^{n} q \mid y_i - x_i\beta_q \mid + \sum_{i:w_i < x_i\beta_q}^{n} (1-q) \mid W_i - x_i\beta_q \mid \qquad (5\text{-}3)$$

当q在不同分位数变化时，就能够得到工资在解释变量上的条件分布轨迹。本书选取了10%、30%、50%、70%和90%分位数进行回归，估计结果见表5-5。

表 5-5 分位数回归的输出结果

W	10 分位	30 分位	50 分位	70 分位	90 分位
EX	0.123*** (19.37)	0.095*** (21.63)	0.071*** (16.98)	0.051*** (11.12)	0.028*** (4.27)
MALE	0.063*** (8.07)	0.067*** (12.36)	0.054*** (10.30)	0.039*** (6.88)	0.019*** (2.30)
EXPER	0.027*** (8.40)	0.028*** (12.91)	0.026 (12.41)	0.026*** (11.37)	0.028*** (8.39)
EDU	0.871*** (13.56)	1.616*** (36.11)	2.379*** (55.58)	3.103*** (66.51)	3.31*** (48.63)
PRO	0.086*** (25.42)	0.115*** (48.93)	0.131*** (58.16)	0.158*** (64.05)	0.219*** (60.65)
RD	0.058*** (26.33)	0.071*** (46.01)	0.071*** (48.59)	0.072*** (44.79)	0.075*** (32.15)
NEW	0.022*** (12.41)	0.023*** (19.03)	0.023*** (19.05)	0.024*** (18.30)	0.019*** (10.21)
EMPLOY	0.850*** (224.11)	0.806*** (305.07)	0.792*** (313.42)	0.761*** (276.21)	0.686*** (170.35)
CAP	0.000*** (2.87)	0.000*** (13.15)	0.000*** (33.34)	0.000*** (38.81)	0.000*** (20.21)
FDI	0.147*** (4.65)	0.207*** (9.04)	0.201*** (9.53)	0.211*** (9.20)	0.243*** (7.25)
FC	−0.002 (−0.86)	0.004*** (2.99)	0.005*** (3.65)	0.006*** (3.77)	0.018*** (7.76)
LU	0.028*** (5.05)	0.0321*** (8.31)	0.029*** (7.80)	0.003*** (8.25)	0.030*** (5.14)
企业效应	控制	控制	控制	控制	控制
行业效应	控制	控制	控制	控制	控制
时间效应	控制	控制	控制	控制	控制

续表

W	10 分位	30 分位	50 分位	70 分位	90 分位
cons	1.507*** (47.83)	1.758*** (80.05)	1.928*** (91.86)	2.084*** (91.08)	2.251*** (67.23)
Pseudo R^2	0.634	0.665	0.685	0.700	0.710
样本数	82371	82371	82371	82371	82371

注:每个括号里汇报的是估计系数对应的 t 统计量,***、**、* 分别代表回归系数在 1%、5%和 10%水平下显著。

在不同的分位点上,各个解释变量对工资水平都具有较好的解释能力。从企业出口状态变量来看,其在不同分位点的回归系数均在 1%水平下显著为正,这说明出口企业工资溢价的稳定性。但是,在不同收入群体中,出口对于工资的拉动程度不一样。收入层次与出口企业工资溢价表现出单调递减的变化关系。越是低收入群体,出口的回归系数就越大、出口对企业工资的影响越显著。比如在最低收入群体(10 分位)中,出口企业工资溢价为 12.3%;而在最高收入群体(90 分位)中,出口企业工资溢价仅为 2.8%;出口企业引起工资溢价的平均幅度为 7.1%(50 分位处的 EX 回归系数汇报出口企业工资溢价"平均值")。虽然所有劳动者都能从企业出口中获得工资溢价,但越是低收入群体,越能够从出口贸易中获得"出口红利"。

从企业异质性因素来看:企业盈利能力(PRO)的回归系数显著为正,而且分位数越高,这一影响系数也就越大,这说明企业盈利水平更多地影响了高收入者群体的工资变化。企业研发水平(RD)和创新能力(NEW)对企业工资有显著影响,而且分位数越高,回归系数越大,这意味着企业研发投入和创新能力的强弱对高收入群体的工资影响更大,也从侧面反映了不同层次劳动力在企业中获得了合理的差异化回报。企业规模(EMPLOY)对企业工资影响显著,但回归系数随收入分位数而下降,这说明企业规模的大小对低收入者工资变化的影响更大。剩下几个变量包括资本密集度(CAP)、外资参与度(FDI)、企业负债情况(FC)以及有无工会(LU)都对企业工资有显著影响,但影响程度相对稳定,不随收入分位数而变化。

从劳动力异质性因素分析。男性劳动力占比(MALE)的回归系数在 1%水平下整体显著,但是对不同收入群体的影响表现出倒"U"形特点,也就是企业性别比对中等收入群体占主体的企业工资影响更显著。高学历者占比(EDU)对企业工资的影响整体显著,而且学历构成对不同收入分位群体的影响是单调递增的,也就是说,越是收入高群体,学历构成对企业工资的影响就越显著。企业中高学历人才占比越高,其内部员工的平均受教育年限就较长,更倾向于熟练掌握专业知识和工作经验,拥有更多高质量人力资源。高质量人力资源总量越大,越能为出口企业创造好的绩效,从而产生与非出口企业更大的收入差距。但是,在低、中收入群体中,劳动生产经验(EXPER)对工资变化有显著影响,但基本不随收入分位水平变化。

综上所述,在同时控制企业特征与劳动力特征的条件下,出口企业仍然存在显著的工资溢价,这一结论不随工资测度方式、出口测度方式、异常样本点及分样本回归的影响;此外,通过分位数回归的结果显示:出口对低收入群体工资的拉动作用相对显著,而对收入越高的群体影响越不显著。

第三节　内生性问题处理与倾向评分匹配

上一节运用基础回归,在加入劳动力控制变量的基础上再度检验了出口与企业工资的关系,并得到了稳健性结论。但是,本章也同样存在出口与企业工资之间的自我选择,因此本节将采用倾向评分匹配估计法来处理内生性问题。

一、匹配过程与结果

在匹配之前利用 psestimate 方法筛选参与匹配的协变量,由于原模型中具有较多的解释变量,所以最终参与匹配的协变量数目也较多,一阶形式的包括:EXPER、PRO、RD、NEW、FDI、LU 和 EMPLOY。二阶形式的包括:EXPER * NEW、$EXPER^2$、LU * EMPLOY、RD * NEW、RD^2、EMPLOY * NEW、PRO^2、NEW * PRO、EMPLOY * PRO、PRO * LU、NEW * LU、$EMPLOY^2$、EMPLOY * EXPER、FDI * RD、EXPER * FDI。

以出口为处理变量,上述变量为协变量进行近邻匹配,匹配结果如表5-6

所示。经过倾向评分匹配以后,处理组的平均处理效应 ATT 为 6.7%。T 检验值的结果为 4.33,在 1%水平下显著。这说明经过倾向评分匹配的处理结果与运用 OLS 分析的结果是一致的;同时也说明了在控制了企业自我选择效应导致的“内生性问题”后,出口企业仍然存在着 6.7%的工资溢价。

表 5-6 倾向评分匹配的处理效应

处理效应	处理组	控制组	工资差距	标准误	*T* 检验值
匹配前	8.037	7.242	0.795	0.009	84.69
ATT	8.037	7.970	0.067	0.015	4.33

二、平衡匹配检验

为了验证平衡匹配的精度,需要对协变量进行平衡匹配检验。平衡匹配检验主要是看处理组企业与对照组企业基于匹配变量的标准偏差,如果这一偏差的绝对值小于 10%,匹配就没有失效。平衡匹配检验的结果见表 5-7。其中所有协变量的标准偏差绝对值均小于 10%,再度验证了选取的匹配变量是合适的,匹配的方法也是恰当的。

表 5-7 平衡匹配检验结果

变量	处理组均值	控制组均值	标准化偏差/%	*t* 值
PRO	10.780	10.819	−2.9	−3.02
RD	3.1593	3.217	−3.7	−3.79
NEW	7.866	7.922	−2.7	−2.89
FDI	0.067	0.067	−0.1	−0.08
EMPLOY	5.432	5.444	−1.1	−1.14
LU	−0.642	0.646	−0.8	−0.94
EXPER	2.042	2.051	−1.0	−1.13
$EXPER^2$	4.912	4.940	−0.8	−2.26
EXPER * NEW	16.502	16.685	−2.2	−0.89
EMPLOY * LU	3.642	3.693	−1.8	−1.97
RD^2	12.833	13.283	−4.1	−3.87
RD * NEW	26.678	27.362	−3.9	−4.04

续表

变量	处理组均值	控制组均值	标准化偏差/%	t 值
EMPLOY * NEW	44.396	44.764	−2.0	−2.02
PRO^2	118.371	119.192	−2.7	−2.76
NEW * PRO	87.187	88.049	−2.8	−2.83
EMPLOY * PRO	59.942	60.276	−1.8	−1.77
PRO * LU	7.091	7.180	−1.7	−1.86
NEW * LU	5.270	5.367	−2.4	−2.52
$EMPLOY^2$	31.002	31.155	−1.2	−1.21
EMPLOY * EXPER	11.347	11.419	−1.3	−1.35
FDI * RD	0.190	−0.197	−1.6	−1.25
EXPER * FDI	0.139	0.142	−1.2	−0.93

此外，也可以利用图示反映倾向得分的共同取值范围。如图 5-2 所示，除了首尾两部分，中间大部分观测值都在共同取值范围内(on support)，可见采用倾向评分匹配损失了少量样本，匹配精度较高。

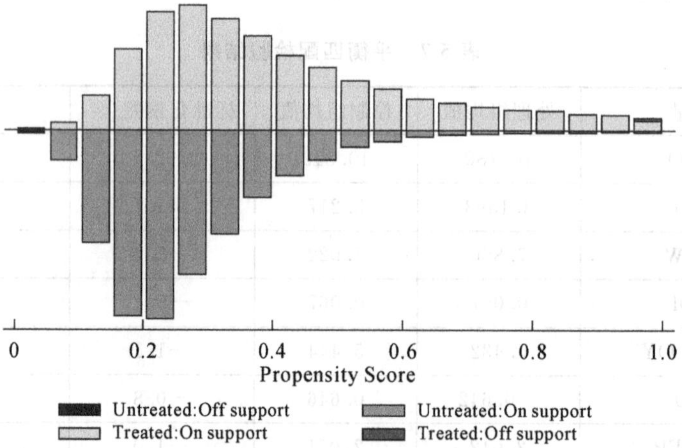

图 5-2　倾向得分的共同取值范围

本节采用了倾向评分匹配的方法，对出口企业工资溢价进行了重新估计，发现在控制企业的“自我选择”效应后，出口仍然会显著地提高企业工资水平，但是溢价程度由 7.1%下降到 6.7%。

第四节 机制检验和扩展分析

前面利用基础回归和倾向评分估计,都证明了在控制企业与劳动力特征后,出口企业仍然存在显著的工资溢价。那么,从劳动者方面看,是否存在出口通过劳动力因素影响企业工资的中间渠道?本节将对此进行机制检验。此外,出口对企业劳动者的工资影响是否会因劳动力特征差异而不同?本节将利用分样本回归对这一问题进行扩展分析。

一、机制检验

第三章的理论推导结果表明:出口会通过优化出口企业的劳动力构成带来工资溢价。本节结合中国工业企业数据与海关数据,运用中介效应模型对这一机制进行检验。首先运用目前广泛使用的 Sobel-Goodman 中介效应法进行检验,然后运用对中介效应具有更强检验能力的 Boostrap 检验法进行辅助验证。

(一)Sobel-Goodman 检验

Sobel-Goodman 中介效应检验法具体分成三步进行:第一步是检验出口对企业工资的影响,这一步是暂时不放入企业劳动力构成的;第二步是出口对企业劳动力构成的影响,这一步检验中介过程是否存在;第三步同时考察出口与劳动力构成对企业工资的影响,并由此判断中介效应占总效应多少比重。具体见表 5-8 中介效应检验的三列汇报结果。第一列显示了没有加入中介变量之前,出口对企业工资的影响情况,可以看到出口工资溢价水平为 8.6%。第二列的解释变量是出口、被解释变量为劳动力构成。而出口得回归系数在 1%水平下显著为正,说明出口能够吸引更多高技能劳动力加入企业,提高企业内部的劳动力构成。出口企业比内销企业支付相对更多的冰山运输成本与沉没成本,为此需要具有更大的生产规模、更高的生产效率(Helpman et al., 2010),在有偏的技术效应之下,自然也就会吸引更多的高技能劳动力加盟。第三列是同时加入了出口与劳动力技能构成后对工资的回归，出口的回归系数在1%水平下显著，但是对比没有放入中介效应回归的系数有所下降，这说明出口对企业工资的影响部分地被中介效应所吸收。出口通过改变劳动力构成影响企业工资的渠道是显著存在的。

表 5-8 出口对企业工资溢价的中介效应检验

被解释变量	Sobel-Goodman 检验		
	劳动力构成(3)	工资(4)	工资(5)
EX	0.157*** (57.10)	0.086*** (22.66)	0.065*** (24.48)
MALE	0.229*** (8.95)	0.533*** (13.47)	0.522*** (13.16)
EXPER	0.013*** (8.95)	0.065*** (33.42)	0.065*** (33.08)
EDU	0.537*** (17.81)	2.594*** (62.35)	2.624*** (62.98)
PRO	0.035*** (22.72)	0.149*** (69.58)	0.147*** (68.52)
RD	0.018*** (16.94)	0.099*** (68.83)	0.098*** (68.09)
NEW	0.007*** (9.26)	0.038*** (33.04)	0.038*** (32.68)
EMPLOY	0.054*** (31.67)	0.762*** (321.42)	0.764*** (320.99)
CAP	0.000*** (10.65)	0.000*** (11.09)	0.000*** (11.12)
FDI	0.282*** (2.68)	0.652*** (44.78)	0.654*** (44.92)
FC	0.008*** (7.62)	0.027*** (19.71)	0.027*** (19.41)
LU	0.006*** (2.38)	0.091*** (25.08)	0.091*** (25.00)
TECH			0.054*** (11.44)
行业效应	控制	控制	控制
企业效应	控制	控制	控制
时间效应	控制	控制	控制
cons	0.194*** (6.39)	0.965*** (23.04)	0.954*** (22.80)

续表

被解释变量	Sobel-Goodman 检验		
	劳动力构成(3)	工资(4)	工资(5)
adj-R^2	0.067	0.875	0.875
样本数	82388	82388	82388

注:每个括号里汇报的是估计系数对应的 t 统计量,***、**、* 分别代表回归系数在 1%、5%和 10%水平下显著。

表 5-9 给出了 Sobel-Goodman 检验的显著性结果。Sobel-Goodman 检验量的 Z 值为 11.22,在 1%水平下显著,说明中介效应显著存在。同时,中介效应在总效应中的贡献率占到总效应的 10.14%。

表 5-9 Sobel-Goodman 检验的显著性分析

	系数	标准差	Z 值	P>|Z|
Sobel	0.00864***	0.00077	11.22	0
Goodmam-1	0.00864***	0.00077	11.22	0
Goodman-2	0.00864***	0.00077	11.22	0
间接效应与直接效应的比率/%			0.0912	
中介效应在总效应中的占比/%			0.1004	

注:***、**、* 分别代表回归系数在 1%、5%和 10%水平下显著。

(二)Bootstrap 检验与结果分析

由于 Sobel-Goodman 检验对于系数乘积的要求假定过于严苛,所以本书同时采用 Bootstrap 检验法对中介效应进行辅助验证。Bootstrap 检验采用的是重复抽样,即使系数乘积不服从正态分布假定,也能够精确测定中介效应的贡献程度,具有较高的统计效力。以下是对出口企业工资溢价的劳动力构成机制进行检验,样本抽样次数自定为 500 次,中介变量为劳动力构成 TECH。输出结果根据间接效应的置信区间来判断,如果置信区间不包括 0,则拒绝原假设系数乘积等于 0,这意味着以劳动力为中间渠道的中介效应是显著成立的。

表 5-10 给出了 Bootstrap 检验的汇报结果,可以看到:95%间接效应置信区间在百分位和偏差纠正下的统计都不包括 0,这说明了中介效应的显著存在。此外,间接效应的估计系数为 0.0084,直接效应的估计系数为 0.0775,于是中介效应在总效应中的比重即为 0.0084/(0.0084+0.0775)=

9.78%。这一比值与 Sobel-Goodman 检验法的汇报结果非常接近,再次说明出口对企业工资溢价的劳动力构成中间渠道是显著存在的。

表 5-10　Bootstrap 检验输出结果

	估计系数	偏差	Bootstrap 标准误	[95%间接效应置信区间]		
间接效应	0.0084	0.0001	0.0008	0.0027	0.0061	[P]
				0.0031	0.0064	[BC]
直接效应	0.0775	0.0001	0.0013	0.0667	0.0922	[P]
				0.0658	0.0902	[BC]

注:表格中 P 代表百分位置信区间,BC 代表偏差校正区间。

二、扩展分析

为了进一步了解出口企业工资溢价,本章还考察了出口对不同学历、不同工作经验及不同性别劳动者工资水平的影响。首先,按照学历层次把劳动者分为专科学历及以上、高中学历以及初中以下三个组,分别回归后发现:专科及以上劳动力获得的出口工资溢价最高为 7.7%;具有高中学历的劳动者以及高中以下学历的劳动者获得的出口工资溢价相对接近,都在 6.5%左右。出口对工资的影响随劳动者的学历层次的提高而扩大,这一点从高中生以及初中以下两组回归中,学历构成 EDU 的回归系数显著为负也说明了学历与工资的正向变动。企业中高学历人才占比越高,其内部员工的平均受教育年限就较长,更倾向于熟练掌握专业知识和工作经验,拥有更多高质量人力资源。高质量人力资源总量越大,越能为出口企业创造好的绩效,从而产生与非出口企业更大的收入差距。然后从员工的工作经验方面看,最富有经验的劳动者收入受出口影响程度最高,出口工资溢价程度为 7.8%;其次是缺乏经验组,这类人群在出口企业与非出口企业的工资差距是 6.9%。相对而言,中等工作经验群体中的出口工作差距最小,为 6.1%。上述结果都在 1%水平显著。可能的解释是:富有经验者工作时间长、工龄长、生产经验丰富、更倾向于技能型劳动力,因而获得的劳动酬劳是偏高的。从性别分组的情况看,男性劳动力可以获得的出口工资溢价略高于女性劳动者。女性员工占比较多的企业平均工资水平会相对较低。具体的研究结果如表 5-11 所示。

表 5-11 学历、工作经验、性别与出口企业工资溢价

W	学历			工作经验			性别	
	专科及以上	高中学历	初中及以下	富有经验	一般经验	缺乏经验	男性劳动者	女性劳动者
EX	0.077*** (20.46)	0.065*** (16.98)	0.067*** (17.70)	0.078*** (10.99)	0.061*** (8.31)	0.069*** (13.15)	0.072*** (19.15)	0.071*** (19.06)
MALE	0.050*** (4.63)	0.003 (0.42)	−0.002 (−0.24)	0.047*** (2.53)	0.010 (0.35)	0.034*** (3.94)	0.033*** (9.63)	−0.018*** (−7.19)
EXPER	0.031*** (16.40)	0.029*** (14.93)	0.035*** (15.53)				0.029*** (15.37)	0.031*** (15.89)
EDU	0.441*** (24.41)	−0.050*** (−6.04)	−0.035*** (−5.06)	2.173*** (15.18)	1.969*** (12.79)	1.713*** (17.06)	2.025*** (27.79)	1.934*** (26.13)
PRO	0.146*** (60.93)	0.164*** (65.96)	0.162*** (65.19)	0.160*** (39.81)	0.146*** (29.02)	0.139*** (37.22)	0.147*** (61.13)	0.151*** (62.82)
RD	0.077*** (50.47)	0.085*** (54.86)	0.084*** (54.35)	0.094*** (37.18)	0.073*** (23.88)	0.062*** (25.54)	0.077*** (50.78)	0.077*** (50.64)
NEW	0.023*** (20.16)	0.032*** (26.62)	0.031*** (25.60)	0.026*** (13.04)	0.025*** (10.62)	0.026*** (14.47)	0.026*** (22.06)	0.026*** (22.17)
EMPLOY	0.768** (268.40)	0.732*** (257.60)	0.735*** (257.30)	0.733*** (152.90)	0.769*** (127.70)	0.785*** (179.60)	0.731*** (182.00)	0.779*** (186.00)
CAP	0.000*** (2.09)	0.000*** (2.09)	0.000*** (2.11)	0.000*** (2.32)	0.000 (1.13)	0.000*** (2.05)	0.000*** (1.60)	0.000*** (1.61)
FDI	0.185*** (6.99)	0.202*** (7.47)	0.196*** (7.31)	0.176*** (4.20)	0.225*** (4.01)	0.153*** (3.90)	0.207*** (8.44)	0.197*** (7.50)
FC	0.185*** (2.77)	0.011*** (4.63)	0.011*** (4.47)	0.004 (1.27)	0.018*** (4.24)	0.006*** (2.17)	0.007*** (3.47)	0.197*** (7.50)
LU	0.033*** (9.94)	0.030*** (8.92)	0.029*** (8.77)	0.047*** (7.81)	0.019*** (2.85)	0.035*** (6.95)	0.035*** (10.54)	0.035*** (10.58)
企业效应	控制	控制	控制	控制	控制	控制	控制	控制
行业效应	控制	控制	控制	控制	控制	控制	控制	控制
时间效应	控制	控制	控制	控制	控制	控制	控制	控制
cons	1.844*** (84.46)	1.905*** (84.31)	1.931*** (83.19)	1.936*** (58.45)	1.957*** (37.40)	1.977*** (44.25)	1.921*** (94.72)	1.829*** (85.43)
adj-R^2	0.892	0.889	0.887	0.904	0.885	0.867	0.894	0.893
样本数	82731	82731	82731	31079	19343	31966	81229	81554

注：每个括号里汇报的是估计系数对应的 t 统计量，***、**、* 分别代表回归系数在 1%、5%和 10%水平下显著。

综上所述，本节首先采用两种不同的中介效应分析法，均验证了出口对企业工资影响存在劳动力构成机制这一中间渠道。然后利用分组回归，讨论了不同学历、不同工作经验及不同性别劳动者的出口工资溢价情况。结果显示：专科及以上劳动者获得的出口工资溢价最高；工作年限较长、富有工作经验的劳动者能够获得更多的出口溢价；男性劳动力获得的出口工资溢价高于女性劳动力。

第五节 出口与企业内工资溢价

前面几节所探讨的出口工资溢价属于“横向”工资溢价，即固定相同条件后出口企业工资高于非出口企业工资的部分。本节要讨论的是同一企业内部男性劳动力与女性劳动力的工资差别(以下简称“性别工资溢价”)；以及同一企业内部技能劳动力与非技能劳动力之间的工资差别(以下简称“技能工资溢价”)。分析这两类“纵向工资溢价”会随企业出口进一步扩大还是有所缩小，并分析其背后可能的原因。

一、出口与性别工资溢价

性别工资溢价是指在同一企业内部男女劳动者之间的工资差距。一般而言，由于社会分工、职业限制、体能差别、社会歧视等多方面原因，无论企业是否出口，企业内都广泛存在因为性别因素导致的工资溢价。显然这种工资溢价过大会妨碍分配公平，过小又会降低劳动者的积极性。分析出口对企业性别工资溢价的影响，能够进一步了解出口对两性工资差异的影响规律分配，为缓和性别工资溢价提供贸易视角的经验支撑。

(一)性别工资溢价的测度

参考 Chen 等(2014)对企业内工资差距的测度方法，把特定的年份里第 i 个行业、第 j 个企业工人的工资分解为行业平均工资 w_i 与企业特定支付的工资 v_{ij}，即 $w_{ij}=w_i+v_{ij}$。于是企业内男性员工与女性员工工资可以分别表达为：$w_{ij}^m=w_i^m+v_{ij}^m$ 以及 $w_{ij}^f=w_i^f+v_{ij}^f$。[①] 二者之间的工资差距即为：$d_{ij}=(w_i^m-w_i^f)+(v_{ij}^m-v_{ij}^f)$。其中，$(w_i^m-w_i^f)$是行业层面的男女平均工资之差，这一部分不受个别企业生产经营水平的影响，用 a_j 表示。$(v_{ij}^m-v_{ij}^f)$是企业

① 这里的上标 m 是 male 的缩写，f 是 female 的缩写。

层面的工资水平之差。

参照 Becker(1957)、Egger 等(2009)的理论假设，企业层面的工资之差是企业盈利能力的函数。结合 Menon & Rodgers(2009)的研究结论：具有相同监测条件之下，一般男性有着更高的劳动生产率。所以盈利水平更高的企业会分配给男性劳动力更多的工资份额。企业层面的工资差距即为 $(v_{ij}^{m}-v_{ij}^{f})=b_j\pi_{ij}$，企业内性别工资溢价可以表达为：

$$sgap_{ij}=a_j+b_j\pi_{ij} \tag{5-4}$$

如果企业内男女员工的性别比例为 θ_{ij}，则男性员工与女性员工的平均工资为 $\overline{w}=\theta_{ij}w_{ij}^{m}+(1-\theta_{ij})w_{ij}^{f}=\theta_{ij}(w_i^{m}+v_{ij}^{m})+(1-\theta_{ij})(w_i^{f}+v_{ij}^{f})$，结合式(5-4)整理为：

$$\overline{w}=w_i^{f}+a_i\theta_{ij}+b_i(\theta_{ij}\pi_{ij})+v_{ij}^{f} \tag{5-5}$$

在式(5-5)中，w_i^f 代表每个行业的女性平均工资，是一个不随企业业绩波动的常数项。由于 2004 年中国工业企业数据中包括就业总数与女性就业总数两个指标，由此可以计算出性别比例 θ_{ij}，利用应付工资除以从业人数计算人均工资 $\overline{w}$、企业盈利水平 π_{ij}，可以通过利润总额除以销售收入的形式算得，v_{ij}^f 是企业层面的工资残差项。通过对式(5-5)进行最小二乘法回归，可以得到两个系数的拟合值 $\hat{a}_i$ 与 $\hat{b}_i$，代入式(5-4)即可得到企业内部性别工资溢价的拟合值 $sga\hat{p}_{ij}$ 为：

$$sga\hat{p}_{ij}=\hat{a}_i+\hat{b}_i\pi_{ij} \tag{5-6}$$

（二）描述性统计

在给出了性别工资溢价的测度方式后，下面根据行业及劳动者特征统计的性别工资溢价分布情况。

首先是性别工资溢价的行业分布，见表 5-12。根据 GB/T4757 分类标准，分别计算了两位代码在 13 至 35 的行业内出口企业的性别工资溢价与非出口企业的性别工资溢价，最后一列是二者的差值。从中可以看出，无论在哪一个行业内，出口企业内部的性别工资溢价都高于非出口企业，其中垄断型行业或资源型行业中性别工资溢价最大，例如烟草行业、非金属、黑金属制品制造业；加工型行业内的性别工资溢价最小，如服装、文教用品、皮革羽毛制造业等。

表 5-12 性别工资溢价的行业分布

行业	出口企业/万元	非出口企业/万元	两者差值/万元
农副食品加工业	1.688	1.489	0.199
食品制造业	1.718	1.584	0.134
饮料制造业	1.896	1.584	0.312
烟草制造业	2.700	2.043	0.657
纺织业	1.633	1.457	0.178
服装、鞋帽制造业	1.525	1.449	0.076
毛皮、羽毛制造业	1.595	1.487	0.008
木材加工及木草制品	1.528	1.475	0.053
家具制造业	1.596	1.472	0.124
造纸与纸制品业	1.760	1.504	0.264
印刷和记录媒介复制	1.714	1.437	0.277
文教体育用品制造业	1.565	1.498	0.067
石油与核燃料加工	2.299	2.053	0.246
化学原料与制品业	1.925	1.670	0.255
医药制造业	1.955	1.669	0.295
化学纤维制造业	1.716	1.522	0.194
橡胶制造业	1.626	1.441	0.185
塑料制品业	1.717	1.559	0.158
非金属矿物制品业	2.128	1.628	0.500
黑色金属冶炼延压	1.919	1.529	0.390
有色金属冶炼延压	1.597	1.441	0.156
通用设备制造业	1.728	1.445	0.283
交通设备制造业	1.777	1.459	0.318

其次是按学历、技能及职称统计的出口与非出口企业性别工资溢价对比。具体见表 5-13。从学历方面看，出口企业中研究生学历的劳动者群体性别工资溢价最大，为 1.970 万元；非出口企业中初中以下学历劳动者的性别工资溢价最小，为 1.037 万元。从职称角度看，出口企业中高级职称者之间的性别工资溢价最大，为 1.814 万元；非出口企业中低职称者的性别工资

溢价最小,为1.195万元。从技能角度看,出口企业高级技师之间的性别工资溢价最大,为1.782万元;非出口企业中级工的性别工资溢价最小,为1.365万元。

表 5-13 学历、技能、职称与性别工资溢价

		出口企业/万元	非出口企业/万元	差值/万元
学历层次	研究生	1.970	1.745	0.225
	本科	1.781	1.585	0.196
	专科	1.739	1.547	0.192
	高中	1.531	1.337	0.194
	初中以下	1.429	1.037	0.392
职称结构	高级职称	1.814	1.600	0.214
	中级职称	1.759	1.557	0.202
	低级职称	1.493	1.195	0.298
技能等级	高级技师	1.782	1.569	0.213
	技师	1.743	1.544	0.199
	高级工	1.791	1.531	0.260
	中级工	1.572	1.365	0.207

(三)出口与性别工资溢价的实证检验

在进行了初步的描述统计后,下面将构建计量模型检验出口与企业内性别工资溢价的关系。大量研究指出:企业内部的性别之比是影响性别工资溢价的直接因素。最早研究性别工资溢价学者Becker(1957)指出:劳动生产率是决定性别工资溢价的因素;Black和Brainerd(2004)认为,企业外资参与度对企业内性别工资溢价有着重要影响。Menon和Rodgers(2009)的观点认为:企业员工受教育程度是导致企业内性别差异的重要因素。Combes和Duranton(2008)强调了职业类别或企业所有制形式对性别工资溢价的影响。吕康银等(2010)认为行业类别对解释性别工资差异具有一定的决定作用。Menon和Rodgers (2009)运用印度数据实证发现,随着贸易开放程度的不断加深,印度制造业中的性别工资溢价会不断扩大。李宏兵等(2014)认为外资进入会扩大中国企业内的性别工资溢价。而王小洁等

(2017)的实证分析得出结论:外资企业中的性别工资差异小于内资企业,对外参与程度的加深有助企业缩小性别工资溢价,实现“同工同酬”。综上提出以下的研究假设。

研究假设:劳动生产率越高,生产规模越大,外资参与程度越高的企业;员工受教育程度越高以及男性劳动力占比越高的企业;其内部的性别工资溢价就越大。企业出口与否会对性别工资溢价造成显著影响。

为了验证假设,构建性别工资溢价与出口的计量方程如下:

$$\text{SGAP} = \alpha + \beta_1 \cdot \text{EX} + \beta_2 \cdot \text{LP} + \beta_3 \cdot \text{CAP} + \beta_4 \cdot \text{EMPLOY} + \beta_5 \cdot \text{FDI} + \beta_6 \cdot \text{EDU} + \beta_7 \cdot \text{MALE} + \sum_{\gamma} \text{ownership}_{\gamma} + \sum_{\eta} \text{industry}_{\eta} + \sum_{k} \text{year}_k + \varepsilon \tag{5-7}$$

其中,(SGAP)代表企业内性别工资溢价,(EX)代表企业出口状态变量,(LP)代表企业的劳动生产率,(CAP)是资本密集度,(EMPLOY)代表企业规模,(FDI)是外资参与度,(EDU)代表高学历者占比,(MALE)代表员工性别之比。此外,还控制了企业类别与行业类别以及年份对性别工资溢价的影响。

与前两节类似,对式(5-7)进行基础回归和分位数回归,各解释变量的回归系数如表 5-14 所示。基础回归显示在控制了行业和所有制变量后,所有解释变量都对企业内性别工资溢价具有较高的解释能力。其中,出口状态的回归系数 0.417 在1%水平下显著,说明出口能够显著地扩大企业内性别工资溢价。其他解释变量与企业性别工资溢价的关系可以归纳为:劳动生产率越高、资本密集度越高、企业规模越大、外资参与度越高、男性劳动力占比较多的企业,性别工资溢价都相对较大。

为了反映出口对性别工资溢价影响在不同收入群体之间的差异,同时进行了分位数估计。图 5-3 报告了出口企业与非出口企业性别工资溢价的核密度。出口企业的性别工资溢价曲线整体位置靠右,说明出口企业性别工资溢价均值高于非出口企业性别工资均值。非出口企业工资的分布明显左偏且相对分散,说明在低收入群体中可能存在较大的性别工资溢价。另外,性别工资差异分布都满足“尖峰厚尾”的形状特征,这说明误差项可能服从“异方差”分布,采用分位数回归的结果将更为可信。

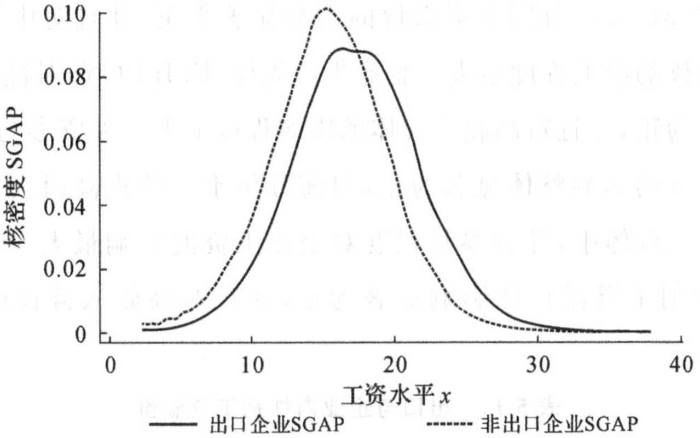

图 5-3 出口企业与非出口企业性别工资溢价的核密度分布

分位数回归的具体结果如表 5-14 所示。在不同的分位点上,各个解释变量对工资水平具有较好的解释能力。在控制了行业类别与企业类别后,出口状态、劳动生产率、企业规模、外资参与度、性别构成以及受教育程度都是影响性别工资差异的重要因素。从企业出口状态解释变量的系数来看,其在不同分位点的回归系数均在 1%水平下显著为正,这说明出口能够显著扩大企业内的性别工资溢价。但是,在不同收入群体中,出口对于企业内性别工资差异的影响并不一样。值得注意的是,越是低收入群体,出口解释系数就越大,说明越是低收入群体,出口对企业性别工资差异的影响就越显著。比如在最低收入群体(10 分位)中,出口状态的回归系数为 0.784;而在高收入群体(70 分位)中,出口状态的回归系数只有 0.145①;出口对企业内性别工资溢价的平均影响系数为 0.364。由此可见:虽然出口会显著地扩大企业内的性别工资溢价,但是这种效应在中、低收入群体中更为显著,在高收入群体中这一效应几乎不存在。

从影响性别工资溢价的其他因素来看,劳动生产率(LP)对性别工资溢价的影响整体显著为正,并且影响程度与收入分位水平同向变化,在高收入群体中,劳动生产率对性别工资溢价的影响最显著。资本密集度(CAP)对

① 在收入分位为 90 分位时,出口变量(EX)的解释系数为 0.041,t 值为 0.90,没有通过显著性检验。

性别工资溢价的影响则完全相反，影响程度与收入分位水平反向变化。男性员工占比(MALE)对别工资溢价的影响显著为正，并且对中等收入群体和高收入群体的影响程度最大。企业生产规模(EMPLOY)对性别工资溢价的影响显著为正，并且对高收入群体的影响程度最大。外资参与度(FDI)对性别工资溢价的影响整体显著为正，但随分位水平的提高而表现出单调递减。在低收入群体中，外资参与程度对企业工资的影响最大。受教育程度(EDU)对性别工资溢价的影响显著为正，并且对高收入群体的影响程度最大。

表 5-14　出口与企业内性别工资溢价

SGAP	基础回归	分位数回归				
		10 分位	30 分位	50 分位	70 分位	90 分位
EX	0.417*** (8.68)	0.784*** (6.65)	0.529*** (7.57)	0.364*** (6.64)	0.145*** (3.16)	0.041 (0.90)
LP	0.684*** (30.15)	0.836*** (15.03)	1.459*** (44.21)	1.946*** (75.21)	2.338*** (107.93)	2.859*** (133.78)
CAP	0.923*** (53.20)	0.954*** (22.45)	0.917*** (36.37)	0.834*** (42.16)	0.712*** (43.01)	0.565*** (34.56)
MALE	0.761*** (5.09)	0.547 (1.49)	0.832*** (3.83)	0.713*** (4.18)	0.615*** (4.31)	0.753*** (5.35)
EMPLOY	0.581*** (20.49)	0.593*** (8.54)	0.749*** (18.15)	0.841*** (26.00)	0.938*** (34.64)	1.025*** (38.39)
FDI	1.118*** (12.91)	1.142*** (5.39)	0.947*** (7.52)	0.909*** (9.21)	0.874*** (10.58)	0.692*** (8.49)
EDU	0.575*** (27.53)	0.740*** (14.44)	0.523*** (17.22)	0.427*** (17.93)	0.382*** (19.13)	0.327*** (16.64)
企业效应	控制	控制	控制	控制	控制	控制
行业效应	控制	控制	控制	控制	控制	控制
时间效应	控制	控制	控制	控制	控制	控制
cons	3.591*** (13.58)	−1.506*** (−2.32)	0.782*** (2.03)	3.225*** (10.69)	5.562*** (22.03)	5.642*** (34.69)
R^2 / P-R^2	0.478	0.193	0.261	0.313	0.362	0.432
样本数	25913	25913	25913	25913	25913	25913

注：每个括号里汇报的是估计系数的 t 统计量，***、**、* 分别代表回归系数在 1%、5% 和 10% 水平下显著。

企业内的性别工资差异为什么会随出口而进一步的扩大？首先，当企业走向出口时，无异于加剧了社会竞争，相对于女性劳动力，男性劳动力在体能、工作技能、受教育程度等方面都存在明显的优势。为了提高生产效率、加强竞争优势，企业会更加倾向于雇用男性劳动者，随之而来的就是企业内性别工资溢价的进一步扩大。其次，出于压缩成本的需要。企业进入国际市场时会面临来自国内外生产者的双向竞争，利润空间的压缩迫使企业在员工性别构成中做出选择，男性劳动力具有更好的投入回报率，因此从节约企业成本的角度而言，出口企业青睐于雇佣更多的男性工人。最后，在性别歧视等固有观念影响下，企业内部女性劳动者对工资的议价能力通常低于男性劳动者。出口企业中男性劳动者占比有上升趋势，这便进一步降低女性劳动者对工资的议价能力，性别工资溢价也就进一步扩大了。

二、出口与技能工资溢价

20 世纪 90 年代开始，国外研究发现贸易开放会进一步改变企业内部的高低技能劳动力之间的工资差距。Feenstra 和 Hanson(1996)根据工作能力把工人区分为熟练工人和非熟练工人，通过建立离岸外包模型发现，贸易会扩大一国内部熟练工人与非熟练工人之间的工资差距。Anderson(2009)认为，工人会根据自己的技能等级匹配职业，并获得相应的工资水平。贸易开放有扩大不同技能劳动者工资差距的作用。Grossman 等(2012)认为，发展中国家的低技能劳动者从出口贸易中获得更多就业机会，又能够通过工序贸易提升劳动技能，因此高、低技能劳动者之间的工资差距会在出口后缩小。以上研究都提到了企业内部的技能工资差异会随企业出口而变化。本节将集中研究出口与企业内工资溢价的关系。

(一)技能工资溢价的测度

参考 Chen 等(2014)对技能工资溢价的测度方法，把特定的年份里第 i 个行业中的第 j 个企业工人的工资分解为行业平均工资 w_j 与企业特定支付的工资 ε_{ij}，即 $w_{ij}=w_i+\varepsilon_{ij}$。于是企业内技能员工与非技能员工工资可以分别表达为：$w_{ij}^s=w_i^s+\varepsilon_{ij}^s$ 以及 $w_{ij}^u=w_i^u+\varepsilon_{ij}^u$。二者之间的技能工资溢价即为：

$$tgap_{ij}=(w_i^s-w_i^u)+(\varepsilon_{ij}^s-\varepsilon_{ij}^u) \quad (5\text{-}8)$$

其中，$(w_i^s-w_i^u)$是行业层面的平均技能工资之差，这一部分不受个别企业生产经营水平的影响，用 c_j 表示。$(\varepsilon_{ij}^s-\varepsilon_{ij}^u)$是企业层面的技能工资之差，参照Chen等(2014)、Egger等(2009)的有关结论，企业层面的技能工资之差是企业绩效的函数。因此企业层面的工资差距可以表达为$(\varepsilon_{ij}^s-\varepsilon_{ij}^u)=s_j\pi_{ij}$，这里的 π_{ij} 代表企业的绩效水平。于是，企业内的技能工资溢价就表达为：

$$tgap_{ij}=c_j+s_j\pi_{ij} \quad (5\text{-}9)$$

另外，如果企业内技能与非技能劳动力的比例为 k_{ij}，则技能型员工与非技能型员工的平均工资为$\overline{w}=k_{ij}w_{ij}^s+(1-k_{ij})w_{ij}^u=k_{ij}(w_i^s+\varepsilon_{ij}^s)+(1-k_{ij})(w_i^u+\varepsilon_{ij}^u)$，结合式(5-8)，进而整理为：

$$\overline{w}=w_i^u+c_ik_{ij}+s_i(k_{ij}\pi_{ij})+\varepsilon_{ij}^u \quad (5\text{-}10)$$

在式(5-10)中，w_i^u 代表2004年每个行业非技能型劳动力的平均工资，固定在特定年份表现为一个常数项。企业人均工资$\overline{w}$、企业业绩水平 π_{ij} 以及技能与非技能工人的构成比例 k_{ij} 都能够通过2004年的工业企业数据中的相关指标计算得到。ε_{ij}^u 代表模型中的工资残差项。因此先对式(5-10)进行最小二乘法回归，就可以得到$\hat{c}_i$ 与$\hat{s}_i$，把之代入式(5-9)即可得到企业内部的技能工资溢价指标 $tga\hat{p}_{ij}$：

$$\mathrm{tga}\hat{p}_{ij}=\hat{c}_j+\hat{s}_j\pi_{ij} \quad (5\text{-}11)$$

(二)描述性统计

在给出了企业内的技能工资溢价的测度方式以后，下面结合2004年工业企业数据统计出口企业与非出口企业之间的技能工资溢价在不同行业的分布。此处是根据2004年数据指标中已有的分类行业(农林牧渔业、工业、建筑业、交通运输业、批发零售业、住宿餐饮业、房地产业以及其他行业)进行统计，而非根据两位行业代码。分别统计上述八个行业中出口企业与非出口企业的技能工资溢价，再对比分析(见表5-15)。

表 5-15 技能工资溢价的行业分布

行业	出口企业/元	非出口企业/元	两者差值/元
农林牧渔业	20770	17820	2950
工业	15270	13330	1940
建筑业	19780	15500	4280
交通运输业	21290	17620	3670
批发零售业	18220	14830	3390
住宿餐饮业	19520	16710	2810
房地产业	20110	17760	2350
其他行业	19450	16860	2590

从表 5-15 的统计结果可以初步看出:无论在考察的哪一个行业,出口企业内部的技能工资溢价都大于内销企业内部的技能工资溢价。这说明出口扩大了技术工人与非技术工人之间的工资差距。此外,交通运输业中的出口企业技能工资溢价最大,为 21290 元,工业行业中的非出口企业内技能工资溢价最小,为 13330 元。

(三)出口与企业技能工资溢价的实证检验

在现有文献中,出口贸易对企业技能工资溢价影响的研究有很多,有的研究认为出口会进一步扩大技能工资溢价(Feenstra & Hanson, 1996; Anderson, 2009)等,有研究却认为出口会缩小技能工资溢价(Grossman et al., 2008)。除了出口,技能工资溢价还有哪些影响因素呢? Riley 和 Bondibene(2015)认为,企业的劳动生产率越高,企业员工的技能工资差异就越大。Munch 和 Skaksen(2008)研究结果表明,资本密集度较高的企业中的技能劳动力工资也相对偏高。Fairris 和 Jonasson(2008)认为:企业绩效越好,越能够吸引高技能员工加盟,也必须支付更高的技能工资。Clarke(2012)的研究结果表明,规模越大的企业越容易吸引熟练劳动力,因此支付更高的技能工资。Halic(2012)等的研究表明:有工会组织的企业,其内部工人具有更强的集体议价能力,从而具有更高的技能工资水平。综合上述观点,本书提出研究假设:

生产率越高、生产规模越大、资本密集度越高、企业绩效越好、存在工会组织、高技能劳动力占比较高的企业，其内部的技能工资溢价就越大。企业是否出口会对技能工资溢价产生显著影响？

为了验证上述假设，本研究进一步检验出口与企业内技能溢价的关系，构建计量模型如下：

$$\begin{aligned} \text{TGAP} = {} & \alpha + \beta_1 \cdot \text{EX} + \beta_2 \cdot \text{LP} + \beta_3 \cdot \text{CAP} + \beta_4 \cdot \text{EMPLOY} \\ & + \beta_5 \cdot \text{ROA} + \beta_6 \cdot \text{LU} + \beta_7 \cdot \text{SKILL} + \sum\nolimits_{\gamma} \text{ownership}_{\gamma} \\ & + \sum\nolimits_{k} \text{industry}_k + \sum\nolimits_{j} \text{year}_j + \varepsilon \end{aligned} \tag{5-12}$$

其中，TGAP 代表企业内部的技能工资溢价，EX 代表企业的出口状态。其他的解释变量选取了劳动生产率、资本密集度、企业规模、企业绩效、有无工会以及高技能占比。此外引入企业所有制类别变量与企业行业类别变量作为控制变量。

首先，对计量方程(5-12)进行基础回归，具体结果见表 5-16。在控制了年份、行业和所有制变量后，所有解释变量都对企业内技能工资溢价具有较高的解释能力。出口变量的回归系数 0.474 在 1%水平下显著，说明出口能够显著地扩大企业内的技能工资溢价。其他解释变量与企业性别工资溢价的关系可以归纳为：劳动生产率越高、资本密集度越高、企业规模越大、企业绩效越好、企业有正规的工会组织、企业拥有更多的高技能人才，其内部的技能工资溢价都相对较大。

表 5-16　出口与企业内技能工资溢价

TGAP	基础回归	分位数回归				
		10 分位	30 分位	50 分位	70 分位	90 分位
EX	0.474*** (12.12)	0.837*** (7.53)	0.469*** (10.11)	0.284*** (8.29)	0.142*** (5.67)	−0.012 (0.05)
LP	0.466*** (24.54)	0.563*** (10.64)	0.728*** (28.92)	0.958*** (59.00)	1.304*** (96.98)	1.831*** (119.80)
SKILL	0.603*** (4.86)	0.546*** (1.98)	0.847*** (5.02)	0.470*** (4.43)	0.420*** (4.97)	0.415*** (4.38)

续表

TGAP	基础回归	分位数回归				
		10 分位	30 分位	50 分位	70 分位	90 分位
CAP	1.107*** (76.55)	1.188*** (29.28)	1.188*** (60.85)	1.136*** (91.18)	1.004*** (98.71)	1.819*** (70.66)
EMPLOY	0.419*** (18.00)	0.341*** (5.21)	0.485*** (14.14)	0.583*** (29.02)	0.716*** (41.87)	0.838*** (44.45)
ROA	15.628*** (109.81)	16.103*** (40.45)	20.381*** (104.59)	21.718*** (177.61)	22.220*** (219.42)	21.494*** (187.05)
LU	0.190*** (4.79)	0.111*** (2.01)	0.281*** (5.18)	0.230*** (6.80)	0.223*** (7.84)	0.176*** (5.57)
企业效应	控制	控制	控制	控制	控制	控制
行业效应	控制	控制	控制	控制	控制	控制
时间效应	控制	控制	控制	控制	控制	控制
cons	−1.355*** (−6.04)	−6.271*** (−10.18)	−3.751*** (−12.39)	−2.117*** (−11.18)	−0.704*** (−4.47)	1.686*** (9.59)
$R^2/P\text{-}R^2$	0.638	0.283	0.414	0.490	0.544	0.598
样本数	26102	25915	26102	26102	26102	26102

注:每个括号里汇报的是估计系数的 t 统计量,***、**、* 分别代表回归系数在 1%、5% 和 10% 水平下显著。

为了考察出口对技能工资溢价影响在不同收入群体之间的差异,本书同时对计量方程(5-12)进行了分位数估计。图 5-4 报告了出口企业与非出口企业各自内部的技能工资溢价核密度。可以看出:非出口企业的技能工资溢价曲线整体偏左,说明非出口企业技能工资溢价均值低于出口企业技能工资均值。非出口企业工资的分布明显左偏且相对分散,说明在低收入群体中可能存在较大的技能工资溢价。另外,各自的技能工资溢价分布都满足“尖峰厚尾”形状特征,这说明可能存在“异方差”现象,进行分位数回归能够较好地消除异方差,令结果更为可信。

表 5-16 同时汇报了出口与技能工资溢价关系的分位数估计。在不同的分位点上,各个解释变量对工资水平都具有较好的解释能力。在控制了时间、行业与企业类别以后,出口状态、劳动生产率、企业规模、企业绩效、是否存在工会、员工技能构成都是影响技能工资溢价的重要因素。从企业出口

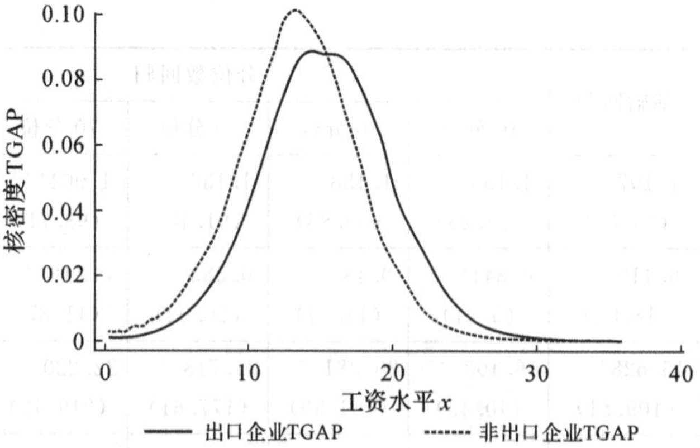

图 5-4　出口企业与非出口企业内技能工资溢价的核密度分布

状态解释变量的系数来看，除了在最高收入分位点(90 分位)处没有通过显著性检验，其他分位点的回归系数均在 1%水平下显著为正，这说明出口能够扩大企业内的技能工资溢价。但是，在不同收入群体中，出口对于技能工资溢价的影响并不一样。越是低收入群体，出口的解释系数就越大，说明出口对企业技能工资的影响在低收入群体中最显著。比如在最低收入群体(10 分位)中，出口状态的回归系数为 0.837，在 1%水平下显著；而在高收入群体(70 分位)中，出口状态的回归系数仅为 0.142①。低收入群体中的技能工资溢价大，一个可能的解释在于低收入群体所在企业多为劳动密集型，在这样的企业中存在少数的高技能劳动力与大多数的低技能劳动力，于是高技能劳动力在获得较高工资水平的时候，就会与大多数的低技能劳动者之间产生较大的工资差距。

从影响技能工资溢价的其他因素来看：劳动生产率(LP)对性别工资溢价的影响整体显著为正，并且影响程度与收入分位水平同向变化，在高收入群体中，劳动生产率对技能工资溢价的影响最显著。这一点与劳动生产率和高技能劳动力的互补特征相一致。工人技能水平(SKILL)对技能工资溢价的影响显著为正，并且对中、低收入群体的影响程度最大。资本密集度(CAP)对技能工资溢价的影响在中、低收入群体中相对显著。这是因为中、

① 90 分位的出口解释系数为－0.012，对应的 t 统计量为 0.05，没有通过显著性检验。

低收入企业多为劳动密集型,如果改进企业机器装备,将会大大地提高生产率,进而带来更多技能溢价。企业生产规模(EMPLOY)对技能工资溢价的影响显著为正,并且越是在高收入群体中,企业规模对技能工资溢价的影响就越显著。这是因为规模越大的企业,越容易吸引更多的高技能劳动力。企业绩效(ROA)对技能工资溢价的影响整体显著为正,并且随收入分位水平的提高而递增。绩效越好的企业显然具有更高的劳动生产率和更优质的劳动力资源。是否存在工会变量(LU)对技能工资溢价影响在中、低收入群体中的表现最为显著。高技能劳动者占比(SK)对技能工资溢价的影响显著为正,并且在低收入群体中这种影响的程度最大。因为受教育程度往往与企业高素质劳动力的构成是正相关的。

为什么出口会扩大企业内的技能工资溢价呢?这里可能的原因有:其一,出口贸易的迅速发展引发了劳动力市场的就业结构调整,在生产率与高技能劳动力的互补效应下,出口企业相对提高了对高技能劳动者的需求,为了吸引高技能劳动力而支付更高的工资水平。而高技能劳动力拥有专用性的人力资本,流动性强,如果选择出口企业可以获得更高收入的话,高技能人才就会不断流向出口企业。低技能劳动力对企业的贡献有限,人数众多,选择面窄、流动性弱。在供给充足而需求相对有限的条件下,低技能者的工资长期维持在低位。因此,出口企业中高技能者的工资不断上涨,而无论是出口企业还是非出口企业,低技能者的工资都相对固定,这就不难理解出口为何会扩大高低技能劳动力之间的工资差距了。其二,"有偏的学习效应"扩大了出口企业内部的技能溢价。根据潘士远(2007)的研究结论:学习知识与技术会令企业偏重对熟练劳动力的需求,扩大熟练劳动力和非熟练劳动力的工资差异。而技能工资溢价扩大化又会反过来加强技术和学习的偏向性,在相互促进过程中导致了出口企业技能工资溢价的扩大化。

第六节 本章小结

本章结合中国企业微观数据,从劳动者方面考察了出口对企业工资溢价的影响,得到了如下几个主要结论。

第一,在同时控制劳动力特征变量与企业特征变量以后,出口企业仍然存在高于非出口企业约7.1%的工资溢价。这一结果,在改变了对企业工资的测度方式、改变了对出口的测度方式、采用分样本回归以及剔除异常样本点重新估计之后仍然是稳健的。出口对不同收入群体工资的影响具有差异性:对低收入群体的工资影响显著,对高收入群体的影响则不显著。采用倾向评分匹配法的估计结果显示:在克服了企业的"自我选择"效应后,出口企业仍然存在高于非出口企业约6.7%的工资溢价。

第二,劳动力构成在出口影响企业工资溢价的过程中发挥了中介变量的作用。从机制检验方面看,本章立足于劳动力特征视角,分别利用Sobel-Goodman检验和Bootstrap检验证实了出口对工资影响的"劳动力构成"渠道,即出口可以显著地提高企业内部的高技能劳动者占比,进而带来企业人均工资水平提高。Sobel-Goodman检验的结果表明:由劳动力构成引发的中介效应在总效应中占比为10.04%;Bootstrap检验也证实了中介效应的显著性,并且中介效应在总效应中占比为9.78%。

第三,出口对具有不同学历、生产经验及性别的劳动者工资影响程度不同,高学历者、富有生产经验的劳动者及男性劳动者的工资水平受企业出口影响最大。从学历方面看,具有专科及以上学历的劳动力获得的出口工资溢价最多,高于非出口企业中同等学力者工资约7.7%;初中及以下劳动者获得的出口工资溢价次之;出口企业与非出口企业中具有高中学历的劳动者工资差距并不显著。从生产经验方面看,富有生产经验(入职超过10年)的劳动者获得的出口工资溢价最高,为7.8%。从性别构成看,男性劳动者获得的出口工资溢价高于女性劳动者,但差异程度不大。

第四,出口显著地扩大了企业内性别工资溢价和企业内技能工资溢价。通过基础回归与分位数回归发现:出口显著地扩大了企业内性别工资差异,这一结果在不同收入分位点上依然成立。这里可能的原因在于:出口企业出于应对竞争的需要,为压缩企业成本而选择更多的男性劳动者。出口也显著地扩大了企业内的技能工资差异。其中可能的原因在于:出口引发了就业结构调整——在高技能劳动力流动性较强而低技能劳动力流动性较弱的情况下,出口会导致优秀劳动力向出口企业集中,提高出口企业内部的高技能劳动力占比。此外,在与发达国家进行贸易的过程中,本土企业有机会分享到更先进的技术、专利与装备等,在有偏的学习效应下更增加了对熟练劳动力的需求,导致高低技能劳动力之间的工资差距拉大。

第六章　出口与工资溢价：基于租金分享机制的实证检验

第四章和第五章考察了出口对企业工资溢价的影响,一个是控制了企业特征变量后;一个是同时控制了企业特征变量与劳动力特征变量。虽然在两种情况下都得到了出口企业存在工资溢价的结论,但是也会带来一种认识:仿佛企业的工资水平完全是由企业生产条件及企业劳动者生产能力等外部条件决定,而出口在其中的作用在于改善了相应企业的外部条件。实际上,工资水平除了取决于上述提到的外部条件,还应该取决于企业工人在企业内部分配中的地位。因为企业工资通常包括保留工资和绩效工资两个部分,前者相当于行业最低的平均水平,相对稳定;而后者则取决于企业的利润水平以及劳动者对这一利润的分享程度。这一分享程度的大小能够体现工人在企业集体利益中的谈判力量,也能间接反映劳动力市场的竞争程度。因此,在进行工资决定问题的分析时,必须考虑这种工人对企业利润的分享程度——工人集体议价能力。这一研究既关乎揭示工资的来源,也有助于判断出口对改变企业内部劳资关系的作用。

本章首先对企业层面的工人集体议价能力进行界定和测度,然后分析出口对工人集体议价能力的影响,最后检验出口通过工人集体议价能力改变企业工资的作用机制。具体内容安排如下:第一节构建理论模型,测度企业工人集体议价能力;第二节运用中国企业微观数据检验出口对企业工人集体议价能力的影响;第三节利用中介效应模型检验出口企业工资的租金分享机制;第四节为主要结论。

第一节　企业工人集体议价能力的测度

Mc Donald 和 Solow(1981)的工资模型最早从租金分享视角分析了工资决定过程。该模型认为工人的工资取决于保留工资和租金分享两个部分,租金分享比例取决于企业中的资本方与劳动方的谈判力量对比。工人对企业利润的分享比例体现了工人集体议价能力的大小。但是,该模型没有说明如何去测度这个分享比例。实际上,测度工人集体议价能力的文献相对寥寥,把这一测度细化到企业层面的研究就相对更少。本章在参考 De

Loecker 和 Warzynski(2012)及盛丹、陆毅(2016)等相关文献的基础上构建理论模型,推导出企业工人集体议价能力的一种测度方式。

一、建模推导

假定某企业生产一种产品,其数量为Q,价格为P。企业全部总产值可以表达为PQ。如果企业雇佣人数为N,工人获得的实际工资为W,工人进入行业的保留工资为W_0,则工人获得的全部收入总额为$N(W-W_0)$。另外,如果该企业可以获得的利润为π;工人从企业全部利润总额中获取的比例为θ;那么工人与企业之间的联合利润最大化函数就可以表达为:

$$\max_{(N,W,K,M)} \Pi = [N(W-W_0)]^{\theta}\pi^{1-\theta} \tag{6-1}$$

如果用N、M和K分别代表企业的劳动投入、中间投入与资本投入,这三种生产要素对应的要素价格分别为W、P_m及P_k的话,则企业利润可以表达为:$\pi = PQ - WN - P_mM - P_kK$。这里的中间投入是指除劳动力要素之外的流动资本,资本投入则是厂房、设备等固定资本价值。

对联合利润函数(6-1)的就业量N求一阶偏导数并令其等于0,整理以后可以得到关于企业工资的表达式为:

$$W = \frac{\theta}{1-\theta}\cdot\frac{\pi}{N} + \frac{P}{\left(1+\frac{\partial P}{\partial Q}\cdot\frac{Q}{P}\right)}\cdot\frac{\partial Q}{\partial N} \tag{6-2}$$

计:$\mu = \frac{1}{\left(1+\frac{\partial P}{\partial Q}\cdot\frac{Q}{P}\right)}$,由于$\frac{\partial Q}{\partial P}\cdot\frac{P}{Q}$是该企业生产产品的需求弹性,所以$\mu$的经济学含义是指企业在定价时遵循的边际成本加成率,于是式(6-2)可以简化为:

$$W = \frac{\theta}{1-\theta}\cdot\frac{\pi}{N} + \frac{P}{\mu}\cdot\frac{\partial Q}{\partial N} \tag{6-2$'$}$$

再对联合利润函数(6-1)的工资W求一阶偏导数并令其结果为0,整理后得到关于工资W的表达式为:

$$W = \frac{\theta}{1-\theta}\cdot\frac{\pi}{N} + W_0 \tag{6-3}$$

结合式(6-2′)和(6-3)可以算出工人进入行业的保留工资为:

$$W_0 = \frac{\frac{\partial Q}{\partial N} \cdot \frac{N}{Q}}{\frac{\partial Q}{\partial M} \cdot \frac{M}{Q}} \cdot \frac{P_m M}{N} = \frac{e_n}{e_m} \cdot \frac{P_m M}{N} \tag{6-4}$$

在式(6-4)中,e_n 与 e_m 分别代表劳动的产出弹性与中间投入的产出弹性。

另外,根据式(6-2′),工资水平取决于企业的产出、就业水平、利润、议价能力及边际成本加成率,那么如何计算这一加成率呢?De Loecker 和 Warzynski(2012) 给出了一种计算方法:在企业退出市场的临界条件 $PQ = P_m M$ 两端求关于中间要素投入 M 的一阶导数:$P \cdot \frac{\partial Q}{\partial M} + \frac{\partial P}{\partial Q} \cdot \frac{\partial Q}{\partial M} \cdot Q = P_m$,对这一等式继续整理得到边际成本加成率为:

$$\mu = \frac{1}{\left(1 + \frac{\partial P}{\partial Q} \cdot \frac{Q}{P}\right)} = \frac{\frac{\partial Q}{\partial M} \cdot \frac{M}{Q}}{\frac{P_M \cdot M}{PQ}} = \frac{e_m}{a_m} \tag{6-5}$$

其中,e_m 如前所述代表了中间投入的产出弹性;$a_m = \frac{P_m M}{PQ}$ 代表了中间投入在企业总产出中所占的比重。

把式(6-5) 代入式(6-2′),同时把式(6-4) 代入式(6-3),联立两个代入后的式子,可以整理出工人集体议价能力 θ 的表达式为:

$$\theta = \frac{(W - W_0)N}{PQ - W_0 N - P_m M - P_k K} \tag{6-6}$$

式(6-6) 提供了一个从企业层面测度工人集体议价能力的可行方式。

二、测度方法

从式(6-6) 可以看出,工人集体议价能力受到企业总产值、各类生产要素的投入水平,工人实际工资及工人保留工资等因素的影响。PQ 代表该企业当年的工业总产值;$P_m M$ 是中间要素投入;$P_k K$ 为企业固定资产,W 是企业应付工资;N 代表从业人数。只有工人的保留工资 W_0 无法直接找到对应指标。根据式(6-4),如果要求出保留工资,就要利用生产函数回归求得中间投入的产出弹性 e_m 及劳动的产出弹性 e_l。为此本书参照 De Loecker 和

Warzynski(2012) 的做法，设定超越对数形式的生产函数[①]形式如下：

$$Y_{it} = a_1 L_{it} + a_2 M_{it} + a_3 K_{it} + a_4 L_{it}^2 + a_5 M_{it}^2 + a_6 K_{it}^2 + a_7 L_{it} K_{it} + a_8 L_{it} M_{it} + a_9 K_{it} M_{it} + a_{10} L_{it} K_{it} M_{it} + \omega_{it} + \varepsilon_{it} \tag{6-7}$$

其中，Y_{it} 代表企业实际产出的对数，L、M、K 分别是劳动投入、中间投入及固定资产的自然对数。在双对数模型中，系数 a_1、a_2 和 a_3 分别是劳动产出弹性 e_l、中间投入产出弹性 e_m 以及固定要素产出弹性 e_k 的估计量。对式(6-7)进行估计后，把得到的 a_1 和 a_2 代入式(6-4)，结合中间投入与就业人数就可以计算出保留工资 W_0。

但是，在式(6-7)中同时存在生产要素的平方项与交叉项，说明模型本身可能存在严重的多重共线性，直接估计虽然能够得到无偏估计量，但是方差过大会令观测值与真实值相差甚远。为了克服多重共线性，得到更加准确的产出弹性估计值，本书对式(6-7)进行了岭回归，由此得到的劳动产出弹性和中间投入产出弹性估计量代入式(6-4)计算出保留工资 W_0，最后将保留工资 W_0 代入式(6-6)可以测算出企业工人集体议价能力。[②]

从下一节开始，将结合微观数据检验出口与企业工人集体议价能力的关系以及在出口与企业工资之间是否存在“租金分享”机制。

第二节　出口对工人集体议价能力影响的实证检验

一、数据来源与描述统计

(一)数据来源

本章数据是2000年到2014年中国工业企业数据库与海关数据库的合并数据，该数据库中包含了有关企业所处的省地县、所在行业、注册类型、工

① 超越对数形式的生产函数由 Clayton Christensen & Dale W. Jorgenson(1973) 提出。所使用的基础模型仍然是索洛的总量生产函数，但是引入了所有要素的二次项或交叉项。使用超越对数生产函数能提高对生产率、增长率的估计精度。

② 多重共线性各个系数的膨胀因子 VIF 值与岭回归的回归结果正文处从略。

业产值、固定与流动资产、从业、工资福利、资本类型等较为全面的企业财务指标以及出口数量、贸易方式、出口目的地、产品质量等较为详尽的贸易指标,相比较其他的微观数据更适合于本书的主题分析。为了获得高质量的样本,本书按照谢千里(2008)提出的标准进行筛选,具体包括:第一,剔除任意年份里出口交货值缺失或者为负的企业;第二,剔除工资水平、固定资产、工业总产值、工业销售收入、从业人数、利润总额、应付工资、应付福利等为负、为0或缺失的企业;第三,删除固定资产总额在10万元人民币以下的企业、总产值在500万元人民币以下的企业;第四,删除从业人数为8人以下的企业。另外,根据分析要求,还剔除了应付工资小于保留工资的样本以及工人集体议价能力小于等于0或大于等于1的样本。最终得到包括95000个观测值的样本数据。

(二)描述统计

在进行正式的回归检验之前,依据年份不同、所处行业不同以及所有制不同对企业工人的集体议价能力进行初步统计。

依据所处年份不同,本书统计了从2000年到2014年各个年份的出口企业与非出口企业工人的集体议价能力,如表6-1所示,无论在哪一年,出口企业工人的集体议价能力均高于非出口企业;但是集体议价能力随着年份的增加整体上表现出递减的变化状态。首先,任意年份下的出口企业工人集体议价能力超过非出口企业,说明出口有提高工人在企业利润中分享比例的作用,或者说出口改善了工人在分配中的地位。另外,从集体议价能力随年份递增而表现出下降的事实可以看出:随着时间的推移,先进技术通过机器设备的更新体现于企业生产中,造成了机器对于人的“排挤”现象。在企业生产越来越偏重于资本密集型的情况下,工人整体在企业利润中的分成比例必然有所下降。

表 6-1 出口企业与非出口企业工人集体议价能力的年份统计

年份	出口企业		非出口企业	
	企业数目	集体议价能力	企业数目	集体议价能力
2000	2590	0.378	3586	0.372
2001	2712	0.381	3730	0.380
2002	3026	0.379	3999	0.371
2003	3384	0.374	4178	0.370
2004	3761	0.367	3985	0.355
2005	3749	0.367	4352	0.350
2006	3988	0.357	4649	0.339
2007	4109	0.344	5019	0.325
2011	6382	0.302	2876	0.298
2012	6095	0.305	2762	0.286
2013	5538	0.319	2645	0.305
2014	5317	0.322	2559	0.317

注:考虑到中国工业企业数据 2008 年到 2010 年缺乏工人工资的相关数据,故而此 3 年没有对应结果。

依据企业所处行业的不同,本书统计了同一行业的出口企业与非出口企业工人集体议价能力,对比结果如表 6-2 所示。可以看出:除了饮料制造业、烟草加工业等少数几个行业外,其他行业的出口企业工人集体议价能力均超过非出口企业,表明从行业角度的统计仍然有出口改善了企业工人待遇的结论。在所统计的样本中,工人集体议价能力最高的行业是通用设备制造业和办公用机械制造业这两个行业,工人对企业分配前的利润分享比例在 46%以上。这意味着这类行业内部工人可以获得更多的绩效工资。工人集体议价能力偏低的部门是烟草加工业,其内部工人利润分享比例为 19.4%,其次是石油与核燃料加工,工人可以享有的利润分成为 23.3%,背后可能的原因在于这两个行业都具有较强的垄断性质,虽然从盈利角度看都会带来高额经营利润,但是企业方会凭借垄断地位占取绝大部分的高额利润,而劳动方对企业利润的分享程度则相应较低。

表 6-2 出口与非出口企业工人集体议价能力的行业统计

行业名称	出口企业		非出口企业	
	企业数目	集体议价能力	企业数目	集体议价能力
农副食加工	1967	0.338	2497	0.335
食品制造业	1374	0.333	1075	0.265
饮料制造业	773	0.259	1076	0.313
烟草加工业	151	0.194	202	0.265
纺织业	2870	0.445	1332	0.432
纺织服装鞋帽	1173	0.438	459	0.435
皮革毛皮羽毛制造	692	0.436	248	0.379
木竹藤制造业	259	0.386	193	0.329
家具制造业	141	0.401	935	0.372
造纸与纸质品	935	0.375	1467	0.372
印刷业	655	0.324	1328	0.316
办公用机械制造业	714	0.465	127	0.315
石油与核燃料加工	207	0.232	558	0.287
化工制品	4795	0.317	4055	0.277
医药制造业	2528	0.306	2404	0.261
化纤制造业	273	0.324	208	0.302
橡胶制造业	1088	0.411	577	0.370
塑料制造业	2225	0.377	1802	0.367
非金属矿物制品	1864	0.372	2568	0.327
黑金属冶炼加工	749	0.358	934	0.293
有色金属冶炼加工	890	0.349	862	0.346
金属制品业	2866	0.362	1880	0.348
通用设备制造业	4212	0.489	2831	0.336
专用设备制造业	2341	0.363	1739	0.322
运输设备制造业	2593	0.357	2429	0.327
机械器材制造业	847	0.303	433	0.329
电子通信设备制造	3169	0.353	2343	0.318
仪器仪表制造业	3230	0.365	1656	0.357

依据企业所有制不同,企业工人的集体议价能力也表现出一定的差异性。表 6-3 比较了不同所有制下的出口企业与非出口企业工人集体议价能力的区别,可以看到,在任何所有制类型之下,出口企业工人的集体议价能力都超过非出口企业。其中,工人集体议价能力最强的是公有企业(国有与集体),公有出口企业中,工人对企业利润分享比例高达 39.3%。其次是外资企业,外资出口企业中的工人集体议价能力为 0.364;而工人集体议价能力最低的是私营企业。出现上述现象可能的原因是:国有企业工人的集体议价能力最强,是因为国有经济的宗旨在于提高全部国有资产所有者的利益,劳动方与资本方在本质上是统一的,这一点与私营企业的劳资关系刚好完全相反,这也同时解释了为什么私营企业的工人集体议价能力是最低的。此外,国有企业从事的都是形如专用设备、关键能源供给等技术或资本密集型产品生产,对工人的技术水平要求更高,所以工人对企业利润分享得更多。

表 6-3　出口与非出口企业工人集体议价能力的所有制统计

所有制性质	出口企业		非出口企业	
	企业数目	集体议价能力	企业数目	集体议价能力
公有企业	4267	0.393	10243	0.372
私营企业	19969	0.293	22131	0.238
港澳台企业	9009	0.375	5338	0.300
外资企业	17386	0.364	6627	0.352

二、回归方程设计与变量选择

通过描述统计发现,出口企业工人的集体议价能力超过非出口企业。但是,出口对企业工人集体议价能力的影响还需要进一步分析验证。在参考现有研究基础上,本书关于出口对企业工人集体议价能力影响的回归方程设计如下:

$$BAR_{it}=\beta_1+\beta_2 EX_{it}+\beta_3 TFP_{it}+\beta_4 CAP_{it}+\beta_5 EMPLOY_{it}+\beta_6 STOCK_{it}+\beta_7 FD_{it}+\beta_8 GENDER_{it}+CV+\varepsilon_{it} \tag{6-8}$$

在该模型中,工人集体议价能力 BAR 为被解释变量,计算方法由上一节式(6-6)给出。核心解释变量为出口变量:包括出口与否(EX)、出口规模(EXPORT)以及出口密集度(INTEN)。影响工人集体议价能力的其他控制变量还包括:(1)全要素生产率(TFP),采用 LP 法(鲁晓东和连玉君,2012)计算可得。Brock 和 Dobbelaere (2006)等人的实证研究表明:当企业中高技术人员占比较大或者全要素生产率越高,工人的集体议价能力就越强。(2)资本密集度(CAP),是指企业固定资产与从业人数之比。莫旋、刘杰(2016)的研究发现:如果企业资本密集度会显著影响企业工人的集体议价能力。(3)企业规模(EMPLOY),是指企业的从业人数取自然对数。Egger 等(2009)的研究认为企业规模对员工议价能力有重要影响。企业规模越大,员工总量越大,员工的集体议价能力就越强。(4)企业存货率(STOCK),是指企业存货与工业销售产值之比。Clark(1991)通过实证研究发现:如果企业的存货率较高,企业工人对利润的分享程度就会较低。(5)外资进入虚拟变量(FD),指企业是否引入外商资本。盛丹(2013)的研究发现,企业是否引进外资会对企业工人的集体议价能力产生显著影响,而且这一影响通常是负面的。(6)企业员工性别之比(GENDER),指男性员工人数与从业人数之比。研究出口对企业性别工资影响的学者指出,男性占比较高的企业会具有更强的工人集体议价能力。CV 是所有其他控制变量的总称,包括行业类别、所有制类别及年份等。表 6-4 给出了重要变量的统计特征与定义方式。

表 6-4 重要变量的统计特征

变量	符号	样本数	均值	标准差	最小值	最大值
工人集体议价能力	BAR	95000	0.342	0.266	0.002	0.993
出口状态	EX	95000	0.533	0.498	0	1
出口规模	EXPORT	42080	10.571	2.081	0	18.671
出口密集度	INTEN	86306	0.207	0.356	0	1
全要素生产率	TFP	94673	0.389	0.877	0.154	6.739
资本密集度	CAP	94939	5718.071	386.667	15.918	4503.153
企业规模	EMPLOY	95000	5.725	1.200	0	11.972
企业存货率	STOCK	94455	0.159	0.523	0.034	134.915
外资进入	FD	95000	0.384	0.486	0	1
企业性别构成	GENDER	94940	0.612	0.211	0	1

三、回归方法与结果

(一)初步回归结果

以下采用2000年到2014年的中国工业企业与海关数据的联合数据对回归方程(6-7)进行估计,汇报结果如表6-5所示,第一列到第三列体现了企业是否出口以及企业出口形式的不同对工人集体议价能力的影响;第四列和第五列表示用出口规模以及出口密集度代替出口状态再次进行回归得到的结果。为了克服被解释变量与解释变量之间可能存在的双向因果关系,这里的各个模型均采用了面板工具变量法,前三个回归过程选取的工具变量为企业出口状态EX的两阶滞后值。[①] 第四个和第五个回归过程分别选取了出口规模的二阶滞后项和出口密集度的二阶滞后项作为工具变量。从中可以看出:在控制了企业、行业及年份固定效应后,无论在哪一种出口变量的衡量方式下,都得到了出口可以显著提高企业内部工人集体议价能力的结论。第一列的回归结果指出,出口企业的工人集体议价能力显著高于非出口企业;第二列和第三列采用的是分样本回归,说明同样作为出口企业,新进出口企业的工人集体议价能力要低于持续出口企业的工人集体议价能力。在持续出口的企业中,EX的回归系数为6.1%,这意味着出口企业工人比非出口企业工人多获得约6.1%的企业利润分成,出口促进了企业内部的劳资关系的改进。第四列和第五列改变了对于出口变量的测度方式,同样得到了稳健性的结论,值得注意的是:在分析出口密集度与工人集体议价能力影响时,本书同时引入了出口密集度的二次项,回归以后该项的估计系数在1%水平下显著为负。这说明出口密集度与企业工人的集体议价能力之间服从非单调的倒“U”形分布,当出口密集度高到一定程度以后,企业内部工人的集体议价能力不但不会随企业出口而增强,反而有不断降低的趋势,出现这一现象的主要原因在于出口商品结构中存在着相当比重的加工贸易。

---

① 该变量通过了弱工具变量检验,汇报结果正文处省略。

表 6-5 出口对工人集体议价能力的影响分析

被解释变量(BAR)	是否出口	新进出口	持续出口	出口规模	出口密集度
EX	0.031*** (2.90)	0.021*** (8.76)	0.061*** (8.04)		
EXPORT				0.003*** (2.78)	
INTEN					0.047*** (10.31)
$INTEN^2$					−0.004 (−6.06)
TFP	0.145*** (67.97)	0.136*** (100.84)	0.119*** (22.56)	0.170*** (62.19)	0.137*** (110.13)
EMPLOY	0.014*** (6.08)	0.021*** (18.83)	0.023*** (6.13)	0.000 (0.31)	0.019*** (19.18)
CAP	−0.071*** (−47.71)	−0.073*** (−81.41)	−0.065*** (−19.34)	−0.081*** (−44.69)	−0.078*** (−95.01)
STOCK	−0.009*** (−2.73)	−0.005*** (−3.58)	0.027 (1.30)	−0.011*** (−2.70)	−0.005*** (−3.11)
FD	−0.012*** (−2.53)	−0.015*** (−5.50)	−0.004 (−0.29)	−0.008*** (−2.51)	−0.006*** (−2.32)
GENDER	0.032*** (4.47)	0.041*** (6.78)	0.068*** (2.30)	0.033*** (4.18)	0.040*** (7.17)
时间效应	控制	控制	控制	控制	控制
行业效应	控制	控制	控制	控制	控制
所有制效应	控制	控制	控制	控制	控制
cons	0.625*** (9.65)	0.633*** (25.21)	0.622*** (13.61)	0.667*** (10.92)	0.704*** (75.36)
adj-R^2	0.274	0.337	0.335	0.314	0.344
样本值	47982	72300	3459	41930	13669

注:每个括号里汇报的是估计系数的 t 统计量,***、**、* 分别代表回归系数在 1%、5% 和 10% 水平下显著。

再来看其他企业工人集体议价能力的影响因素,首先是全要素生产率 TFP 的系数在 1%水平下显著为正,说明具有更高技术水准的企业内部工人对利润分成更高。企业规模(EMPLOY)系数在1%水平下显著为正[模型(4)除外],说明工人数量越庞大,其所形成的各种“联盟”对企业的利润分配就更具话语权。资本密集度(CAP)的估计系数在1%水平下显著为负,这意味着企业的技术与劳动力之比越高,企业对劳动力的依赖程度就会越低,在这种情形下劳动力主体在利润分享中的谈判力量也会随要素贡献率的下降而降低。外资是否进入(FD)的回归系数显著为负,这反映了外资企业工人的集体议价能力低于内资企业,背后可能的原因在于外资企业从事的多为技术密集型或资本密集型,所以其内部劳动者的议价能力会相应有所下降。企业存货率(STOCK)的系数估计符号为负,即当企业存货较少时,该企业工人的集体议价能力较强。性别构成(GENDER)的估计系数符号为正,即男性占比较高的企业,工人集体议价能力相对更强。

(二)分样本回归结果

下面将采用分样本的回归检验,验证在不同的所有制、行业与年份下出口对企业工人议价能力影响。以下所有的回归都以出口状态作为解释变量,回归方法均采用面板工具变量法,工具变量选择了出口状态的二阶滞后项,已经通过弱工具变量检测。

首先,出口与企业工人集体议价能力关系在不同所有制之间有异质性表现。根据企业注册类型把企业划分为公有型企业(含国有与集体两种类型)、私营企业、港澳台企业与外资企业四种类型,表6-6汇报了在不同所有制类型下的出口与企业工资议价能力关系。可以看出:在不同的所有制结构下,出口都对企业工人的议价能力有显著的促进作用。但是,公有企业工人的集体议价能力最高,私营企业工人的集体议价能力最低。公有出口企业下(EX)的回归系数为0.046,意味着公有出口企业工人对利润的分享比例高于公有非出口企业工人的幅度为4.6%。类似地,出口私营企业工人占取的企业利润比同类非出口企业高出3.1%;港澳台企业中这一幅度为3.5%,外资企业中这一幅度为3.2%。为什么公有企业工人的集体议价能力最高?本书认为有两个可能原因:一是在于公有经济本身的性质——企业资产为全部所有者共同占有,这使得公有企业的劳动方与资本方本质上是统一的,企业利润最终的所有者就是劳动者,企业发展的最终目的也是员工福利待遇的整体改善。二是国有经济成分垄断的都是关乎国计民生的重要资源或行业,所以这样的部门能够获得更多的利润,而国有垄断型出口企业比内销型企业拥有更高的生产率和更优质的劳动力构成,工人也因此可以分享到更高比例的利润。

表 6-6 出口对工人集体议价能力影响的所有制差异分析

BAR	(1) 基础回归	(2) 公有型企业	(3) 私人型企业	(4) 港澳台企业	(5) 外资企业
EX	0.031*** (2.90)	0.046*** (6.13)	0.031*** (5.57)	0.035*** (2.66)	0.032*** (5.88)
TFP	0.145*** (67.97)	0.128*** (84.36)	0.134*** (58.88)	0.126*** (30.34)	0.127*** (84.14)
EMPLOY	0.014*** (6.08)	0.023*** (18.43)	0.019*** (9.87)	0.025*** (7.39)	0.023*** (18.57)
CAP	−0.071*** (−47.71)	−0.069 (−70.63)	−0.076 (−51.57)	−0.072*** (−26.56)	−0.069*** (−70.43)
STOCK	−0.009*** (−2.73)	−0.008 (−2.58)	−0.010 (−2.90)	0.044*** (2.94)	−0.008*** (−2.53)
FD	−0.012*** (−2.53)	−0.022 (−7.66)	−0.013 (−2.22)	−0.007 (−1.05)	−0.012*** (−3.41)
GENDER	0.032*** (4.47)	0.035 (5.43)	0.055 (5.22)	0.023*** (2.44)	0.036*** (5.64)
时间效应	控制	控制	控制	控制	控制
行业效应	控制	控制	控制	控制	控制
cons	0.625*** (9.65)	0.484*** (16.84)	0.483*** (18.71)	0.484*** (15.48)	0.488*** (18.93)
adj-R^2	0.274	0.325	0.324	0.353	0.328
样本值	47982	21459	6251	7204	13095

注:每个括号里汇报的是估计系数的 t 统计量,***、**、* 分别代表回归系数在 1%、5% 和 10% 水平下显著。

其次,出口对企业工人集体议价能力的影响存在行业差异。这一部分对行业进行了两种分类,一种是按照 GB/T4754－2002 行业代码进行重新匹配和调整,把包含核燃料加工、医药制造业、医疗仪器制造业、通信设备制造业等在内的 8 种行业定义为高技术行业;在剩下的行业中,把两位行业代码为21—23、25—26、28—32、34及38的行业定义为中等技术行业；两位行业代码为13、14、16—20、25及33的行业定义为低技术行业。在高、中、低行业内分别进行出口与企业工人集体议价能力的检验，结果如表6-7的模型(1)到模型(3)所示：出口对企业工人集体议价能力的影响在高技术行业中最显著、在中等行业中次之、在低技术行业中影响相对最小。其中，在高技术行业子样本回归下，EX的系数0.42在1%水平下显著，这说明在高技术行业中，出口企业工人比非出口企业工人多获得4.2%的企业利润。为什么在高技术和中等技术行业内，出口对企业工人议价能力的影响更明显？可能的解释是由于学习的互补效应，高技术行业内的高技能劳动者和熟练工数目远高于低技术行业，出口会进一步加深这种有偏的学习效应，令越来越多的高质量劳动力集聚于高、中技术行业。另外，从劳动者自身的角度看，拥有高技术或丰富生产经验的劳动者面临的社会选择更多，这类人才的供给弹性更大，因此对企业的薪金报酬具有很强的"议价权"。相比之下，低技术企业存在大量非熟练劳动力或低技能者，他们可以从事的工作相对单一且贡献有限。就业选择机会较小造成了这类劳动者几近垂直的劳动供给曲线，在进行利润谈判时具有很低的"议价权"，几乎全盘受制于劳动的需求方。

表6-7 出口对工人集体议价能力影响的行业差异分析

被解释变量(BAR)	高技术行业	中等技术行业	低技术行业	重工业	轻工业
EX	0.042*** (4.64)	0.031*** (3.45)	0.023*** (2.03)	0.026*** (2.41)	0.035*** (5.98)
TFP	0.137*** (56.18)	0.132*** (49.84)	0.131*** (36.84)	0.119*** (44.45)	0.121*** (71.18)
EMPLOY	0.031*** (14.66)	0.019*** (9.05)	0.018*** (6.46)	0.030*** (13.56)	0.023*** (16.29)
CAP	−0.075*** (−45.19)	−0.074*** (−44.31)	−0.073*** (−31.31)	−0.075*** (−40.37)	−0.071*** (−64.79)
STOCK	−0.026*** (−3.52)	−0.006* (−1.68)	−0.007 (−0.56)	0.030*** (2.61)	−0.008*** (−2.59)

续表

被解释变量(BAR)	高技术行业	中等技术行业	低技术行业	重工业	轻工业
FD	−0.018*** (−3.36)	−0.010* (−1.76)	−0.010 (−1.35)	−0.006 (−0.75)	−0.014*** (−3.78)
GENDER	0.032*** (3.35)	0.024* (1.88)	0.022 (1.60)	0.030*** (2.89)	0.042*** (5.11)
时间效应	控制	控制	控制	控制	控制
所有制效应	控制	控制	控制	控制	控制
cons	0.522*** (26.22)	0.639*** (30.71)	0.618*** (21.26)	0.536*** (29.01)	0.583*** (44.85)
adj-R^2	0.335	0.319	0.322	0.303	0.309
样本值	18728	16309	8408	14934	33048

注:每个括号里汇报的是估计系数的 t 统计量,***、**、* 分别代表回归系数在 1%、5%和 10%水平下显著。

另一种分类是根据中国工业企业数据库中“轻重行业”这一指标进行划分,把企业划分为重工业企业与轻工业。经过模型(4)和模型(5)回归结果显示:出口对企业工人集体议价能力的影响在轻工业企业中更为明显,出口轻工企业的劳动者可以比非出口轻工企业劳动者多分享 3.5%的企业利润,而重工业企业中这一比例为 2.6%。轻工企业工人的议价能力更高是因为这类企业的从业人数众多,出口又是对轻工企业中优秀企业的一次筛选,集聚了更多高技能劳动力的轻工出口企业在利润分配上会相应向劳动者一方倾斜。

最后,出口对企业工人集体议价能力的影响存在年份差异。本书使用的面板数据从 2000 年到 2014 年,但是中间 2008—2010 年缺乏企业应付工资等重要指标,无法计算工人集体议价能力,所以在进行分年份统计时去掉了这三个年份。本书把整个考察时期划分为五个部分:分别是 2000—2002 年、2003—2005 年、2006—2007 年、2011—2012 年以及 2013—2014 年。然后在每一个考察的时间段进行出口与企业工人议价能力关系的回归检验,结果如表 6-8 所示。在所考察的任意时间段,出口对企业工人议价能力的影响都在 1%水平下显著为正。而且随着年份的推移,出口对企业工人议价能力的影响有不断降低的趋势。譬如2000—2002年时出口企业工人的议价能力高出非出口企业为4.3%，到了2013—2014年，这一比例已经下降到1.2%了。这是因为伴随着新机器的使用、新技术的普及，企业的技术系数（资本与劳动之比）会随时间而不断地提高，机器对人的排挤现象造成了工人集体在利润谈判方面的地位有所下降。对于选择出口的企业而言，由于需要支付额外的出口成本，企业的技术系数要高于同一时期的非出口企业，所以随着年份的不断向前推移，出口企业的技术系数越来越高，工人的议价能力会有下降的趋势。

表6-8 出口对工人集体议价能力影响的年份差异分析

BAR	(1) 2000—2002	(2) 2003—2005	(3) 2006—2007	(4) 2011—2012	(5) 2013—2014
EX	0.043*** (5.42)	0.037*** (4.53)	0.023*** (3.05)	0.017*** (4.39)	0.012*** (2.30)
TFP	0.126*** (47.22)	0.135*** (53.98)	0.140*** (50.42)	0.125*** (52.92)	0.103*** (44.90)
EMPLOY	0.034*** (18.41)	0.042*** (23.41)	0.035*** (17.98)	0.007*** (3.77)	0.007*** (3.53)
CAP	−0.073*** (−43.03)	−0.092*** (−51.63)	−0.088*** (−44.79)	−0.061*** (−40.99)	−0.057*** (−40.52)
STOCK	−0.002 (−0.34)	0.011 (1.36)	−0.013 (−1.10)	−0.011*** (−2.46)	−0.0042*** (−8.22)
FD	−0.021*** (−2.88)	−0.018*** (−2.74)	−0.012 (−1.36)	−0.007*** (−2.00)	0.013*** (2.40)
GENDER	0.023*** (6.78)	0.018*** (2.18)	0.029*** (3.05)	0.034*** (3.67)	0.045*** (5.17)
行业效应	控制	控制	控制	控制	控制
所有制效应	控制	控制	控制	控制	控制
cons	0.618*** (13.14)	0.723*** (14.51)	0.667*** (16.57)	0.712*** (17.61)	0.743*** (16.88)
adj-R^2	0.342	0.345	0.328	0.339	0.308
样本值	19603	23235	17706	17805	15765

注：每个括号里汇报的是估计系数的t统计量，***、**、*分别代表回归系数在1%、5%和10%水平下显著。

综上所述,在给出企业工人集体议价能力测度方法的基础上,本节利用2000年到2014年中国工业企业与海关的联合数据验证了出口与企业工人集体议价能力的关系。考虑到可能的“内生性”问题,本节利用面板工具变量法进行回归,得出三点结论:第一,在控制了时间、行业与所有制固定效应以及其他影响因素的条件下,出口仍然显著地提升了企业工人的集体议价能力,这说明出口可以有效地促进工人对企业利润的分享,具有改善劳资双方关系的作用。但随着出口程度的不断加深,出口对工人议价能力的影响表现为先升后降的非单调变化趋势,这是因为我们的出口方式中存在相当比例的加工贸易,在这类企业中,出口强度与企业生产率呈现出反向的变化趋势。第二,出口与企业工人集体议价能力的关系不随出口状态改变,但是新进出口企业的工人集体议价能力要低于持续出口企业的工人集体议价能力。第三,出口对企业工人集体议价能力的影响因所有制、行业及时间因素而有所不同。从所有制方面看,公有企业内出口对工人议价能力的影响最大,私营企业出口对工人议价能力的影响最小,港澳台企业与外资企业中影响程度居中。从行业方面看,高技术行业中出口对企业工人集体议价能力的影响最大,中等技术行业其次,低技术行业最小。另一类行业划分下,轻工企业中出口对企业工人集体议价能力的影响较大,重工企业中的影响程度相对较小。从时间方面看,任意年份都有出口显著提高企业工人议价能力的结论,但这一影响程度随着年份的推移而逐渐下降。

第三节 机制检验

上一节验证了出口对企业工人集体议价能力的显著影响,因此理论上存在出口提高企业员工工资的“租金分享”机制。为了验证这一作用机制,本节采用三种方法进行识别,分别是运用交互项检验、Sobel-Goodman检验和Bootstrap检验。无论采用哪种验证方式,首先需要确定的是中介变量,它不参与基础模型回归但却是联系自变量与因变量的桥梁,此处的中介变量即为工人集体议价能力。

一、交互项检验

由于本章使用的数据是2000年到2014年的面板数据，但其中只有2004年包含劳动力特征指标，所以此处的基础回归模型选择只包含企业特征变量的基础回归模型(4-1)[①]，在这一回归方程基础上引入了中介变量工人集体议价能力以及它与出口变量的交互项，拓展为如下的形式：

$$W_{it} = \alpha + \beta \cdot EX_{it} + \delta \cdot BAR_{it} + \tau \cdot EX_{it} \cdot BAR_{it} + \sum_i \gamma_i \cdot FIRMHETERO_{it} + \sum_j CV_j + \varepsilon_{it} \quad (6\text{-}9)$$

与第四章回归方程(4-1)中的规定一样，除了出口状态是核心解释变量，企业异质性变量包括：企业盈利程度(PRO)；企业规模(EMPLOY)；企业研发投入(RD)；新产品产值(NEW)；资本密集度(CAP)；外资参与度(FDI)；资产负债率(FC)；企业年龄(AGE)。各个变量的含义与第四章、第五章的规定完全相同，此处不再赘述(见表6-9)。

当引入了中介变量以及中介变量与出口的交互项以后，需要关注的重点就是这两项的符号。根据理论预期，出口是通过提高企业工人的集体议价能力提高了工资水平的，所以预期EX * BAR的符号为正。由表6-9的回归结果可知，与模型(1)的基础回归相比，加入了中介变量BAR以及BAR与出口状态EX的交互项以后系数方面有两个显著变化，一是EX的回归系数从0.067下降到0.33，说明BAR的参与能够部分地解释出口对企业工资的影响，二是EX与BAR交叉项的系数为0.025、并且在1%水平下显著，说明出口企业工人的议价能力高于非出口，也由此获得更高的工资水平。

表6-9 交互项检验与Sobel-Goodman检验

被解释变量	交互项检验		Sobel-Goodman检验		
	(1) 工资	(2) 工资	(3) 集体议价能力	(4) 工资	(5) 工资
EX	0.067*** (4.89)	0.033*** (2.54)	0.054*** (3.25)	0.099*** (7.83)	0.095*** (7.55)

① 见第四章第二节。

续表

被解释变量	交互项检验		Sobel-Goodman 检验		
	(1) 工资	(2) 工资	(3) 集体议价能力	(4) 工资	(5) 工资
BAR		0.025*** (2.58)			0.072*** (8.68)
EX * BAR		0.023*** (2.08)			
PRO	0.212*** (26.24)	0.191*** (20.90)	0.681*** (64.33)	0.292*** (36.74)	0.243*** (24.98)
EMPLOY	0.712*** (71.71)	0.739*** (65.06)	0.832*** (69.46)	0.659*** (73.28)	0.719*** (63.57)
RD	0.034*** (11.33)	0.033*** (11.02)	0.036*** (8.63)	0.053*** (16.61)	0.050*** (15.78)
NEW	0.054*** (2.95)	0.053*** (2.89)	−0.015 (−0.61)	0.035 (1.85)	0.034 (1.80)
CAP	0.092*** (11.65)	0.086*** (10.75)	0.118*** (12.79)	0.053*** (7.66)	0.045*** (6.39)
FDI	0.136*** (2.65)	0.154*** (2.98)	0.087 (1.59)	0.651*** (15.81)	0.644*** (15.73)
FC	−0.005 (−0.48)	−0.002 (−0.20)	−0.037*** (−2.78)	0.026*** (2.64)	0.029*** (2.92)
AGE	0.002*** (5.43)	0.002*** (5.45)	0.001*** (2.78)	0.003*** (8.26)	0.003*** (8.57)
行业效应	控制	控制	控制	控制	控制
企业效应	控制	控制	控制	控制	控制
时间效应	控制	控制	控制	控制	控制
cons	1.422*** (7.66)	1.493*** (8.05)	1.238*** (26.93)	1.826*** (29.83)	1.371*** (28.41)
adj-R^2	0.877	0.878	0.518	0.860	0.862
样本值	8102	8102	8102	8102	8102

注:每个括号里汇报的是估计系数的 t 统计量,***、**、* 分别代表回归系数在 1%、5% 和 10% 水平下显著。

但是,使用交互项检验在验证中介效应过程中仅能算作一个初步分析,因为如果交叉项的系数不显著将无法很好地判断中介效应是否存在。此外运用交互项分析也无法确切了解中间渠道产生的间接效应在总效应中的比重。为了克服上述问题，接下来采用 Sobel-Goodman 检验对租金分享机制做进一步检验。

二、Sobel-Goodman 检验

为了克服运用交叉项回归所导致的问题，接下来采用 Sobel-Goodman 中介变量检验法继续对出口影响工作的“租金分享”机制进行验证。这一检验法的基本思想来自 Goodman 和 Sobel，主要是用来检验自变量对因变量的影响是否通过中介因子的传导作用。这一方法既能够检验出口、企业工人议价能力与企业工资之间的关系，也可以对这一间接效应的大小做出准确测度。为此需要进行三条回归路径的检验，分别是不加人中介变量的解释变量与被解释变量回归路径、解释变量对中介变量的回归路径、加入中介变量后的解释变量对被解释变量回归路径。对应于本书，这三条路径见表 6-9 的模型(3)至模型(5)。首先看模型(3)，它代表出口对企业工人议价能力的影响，在控制了其他解释变量的条件下，EX 的系数在 1%水平下显著为正，说明出口可以显著地促进企业工人集体议价能力的提高，这一点与上一节以及第三章理论分析部分的研究结论相互一致。模型(4)是未考虑中间变量的出口与企业工资关系回归，此时出口的解释系数为 0.099，在 1%水平下显著。模型(5)表示加入了中介变量之后的出口与企业工资回归。此时出口变量的解释系数下降到 0.095，在 1%水平下显著，说明出口对企业工资的解释能力部分地被工人议价能力的中介效应所吸收分担。

那么，中介效应是否显著？这种间接作用于工资效应在整个效应中占比多少？表 6-10 提供了 Sobel 检验的 Z 统计量以及间接效应与直接效应占比。可以看出，出口通过工人议价能力提升工资的中介效应是显著的，Sobel、Goodman-1 和 Goodman-2 检验的 Z 值均大于 1.98，在 1%水平下显著。同时可以看到由租金分享机制引起的间接效应与出口对企业工资的直接效应相比为 0.1205，中介效应引发的工资提高在总效应中的贡献率 10.8%。

表 6-10 Sobel-Goodman 检验的显著性水平与中介效应占比

	系数	标准差	Z值	P>|Z|
Sobel	0.0039	0.0013	3.047	0.002
Goodman-1	0.0039	0.0013	3.030	0.002
Goodman-2	0.0039	0.0013	3.065	0.002
间接效应与直接效应的比率			0.1205	
中介效应在总效应中的占比/%			10.752	

三、Bootstrap 检验

使用 Sobel-Goodman 检验法虽然可以检验出更为精确的中介效应,但是这一检验法背后原理的假设条件要求解释变量 EX 的估计系数、中介变量 BAR 的估计系数均服从正态分布,而且要求二者的乘积也符合正态分布。但是上述条件在现实中很难得到保证,即便这两个估计系数各自服从正态分布,也不能保证其乘积也一定服从正态分布,这样一来 Sobel-Goodman 检验就存在一定的局限性。相比之下,Bootstrap 中介变量检测法通过大样本抽样的方式构建置信区间,虽然与 Sobel-Goodman 检验具有相同的基本假设,但由于采用的估计方法不同,因此不要求系数一定服从正态分布假定,也能精确测定中介效应的贡献程度,具有较高的统计效力,目前已经被认为是可以基本取代 Sobel-Goodman 检验的中介效应检测法。以下对出口企业工资的租金分享机制进行 Bootstrap 检验,由于样本抽样次数可以自行设定,本书把抽样次数设定为 1000 次,中介变量为工人议价能力(BAR)。运用这一检验可以根据间接效应的置信区间来判断中介效应的存在性,如果这一置信区间不包括 0,则说明间接效应是显著成立的。

表 6-11 给出了 Bootstrap 检验的汇报结果,可以看到间接效应的置信区间在百分位和偏差纠正下统计都不包括 0。这说明中介效应是显著存在的。此外,中介效应在总效应中的比重为 0.012/(0.012+0.095)=11.2%。

表 6-11　Bootstrap 检验结果

	估计系数	偏差	标准误	[95% 间接效应置信区间]		
间接效应	0.012	−0.000	0.0014	0.0014	0.0068	[P]
				0.0018	0.0074	[BC]
直接效应	0.095	−0.000	0.013	0.0711	0.1192	[P]
				0.0712	0.1193	[BC]

注：其中 P 代表百分位置信区间，BC 代表偏差校正区间。

综上，本节采用了三种不同的方法检验出口对企业工资的租金分享机制，都验证了出口对企业工资的影响存在租金分享机制。

第四节　本章小结

第四章与第五章分别从企业方面和劳动力方面讨论了出口对企业工资的影响，但是没有涉及企业与工人围绕企业利润展开的“讨价还价”过程。本章从租金分享的角度分析出口对企业工资溢价的影响过程，得出了如下的重要结论。

第一，出口显著地提高了中国企业工人的集体议价能力。结合中国企业微观数据估计了出口对企业工人集体议价能力的影响，回归结果显示：在控制了其他影响因素以及时间、行业、年份等固定效应后，出口仍然显著地提高了企业工人的集体议价能力。这里可能的原因在于出口企业具有更大的规模、更高比例的高技能劳动者与更先进的生产条件。进一步分析显示：持续出口企业中，出口对工人集体议价能力的影响程度超过了新进出口企业与退出出口企业；公有企业中出口对企业工人集体议价能力的影响程度超过其他所有制类型企业；高技术行业内出口对企业工人集体议价能力的影响超过中、低技术行业；轻工企业中，出口对企业工人集体议价能力的影响程度超过重工企业；随着时间的推移，出口对工人集体议价能力的影响程度趋于下降。

第二，出口对企业工资溢价的影响存在“租金分享”机制。通过中介效应检验发现,出口可以通过租金分享机制带来工资水平提高。利用 Sobel-Goodman 检验得到租金分享机制带来的间接效应在总效应中占比为 10.8%;利用 Bootstrap 检验得到的这一占比为 11.2%。

第三,出口企业工资溢价的提高反映了出口有助于改善劳动者在分配方面的处境或地位。出口企业工资水平的提高,不仅是由于外部条件的改善,也存在劳动者与企业之间博弈的因素。出口贸易不仅改善了企业员工的工资待遇,还提升了劳动者在企业收入分配中的相对地位。“出口具有进一步缓和企业内劳资关系的作用”的结论为鼓励更多企业出口提供了重要的经验支撑。

第七章　主要结论、政策启示与研究展望

第一节 主要结论

出口贸易对中国经济增长起到了重要的拉动作用,也对中国的收入分配关系产生深刻影响。企业异质性理论出现后,伴随着企业层面数据的可获得性,有关出口对企业工资影响的研究层出不穷,但有关中间渠道和作用机制的研究相对不足。本书以企业层面工资决定入手,分别从企业方面、劳动者方面以及企业与劳动者围绕企业利润的谈判关系揭示了出口对企业工资溢价的三个作用机制,分别是生产率机制、劳动力构成机制和租金分享机制。与以往针对中国的相关研究相比,本书的分析框架相对更完整,对出口企业工资溢价的解释也更进一步。综合全书,得出如下三个方面的主要结论。

一、出口、企业特征差异与企业工资溢价

本部分从工资决定的企业方面考察出口对企业工资的影响,首先从理论上证明出口企业比非出口企业支付更高的出口成本、具有更高的企业生产率水平,由此支付了更高的工资水平。然后结合 2000 年到 2014 年的中国工业企业数据库与海关数据库,对出口和企业工资的关系进行实证检验。初步回归的结果表明:在控制了企业特征和其他影响因素后,出口显著地提高了企业工人的工资水平,溢价幅度为 5.6%。这一结果在改变出口变量的测度方式、剔除异常样本点以及加入更多的控制变量后仍然是稳健的。本书还发现:出口交货额每上升 1%,出口企业工资就会上升 0.9%。利用分位数回归的结果表明:出口对企业工资的提升效应在低收入群体中更为显著,在高收入群体中则相对不显著。

运用倾向评分匹配方法的估计显示:在克服了企业的自我选择效应后,出口仍然显著地提高了企业工资水平。其中,运用近邻匹配得到的出口企业工资溢价幅度为 7.0%;运用卡尺匹配得到的出口企业工资溢价幅度为 9.4%;运用核匹配得到的出口企业工资溢价幅度为 8.5%。此外,分样本的

倾向评分匹配检验结果表明：高技术行业中的出口企业工资溢价程度最高为7.5%；国有企业中的出口企业工资溢价程度最高为7.8%。

企业生产率在出口影响企业工资溢价的过程中发挥了中介变量的作用。利用Sobel-Goodman检验和Bootstrap检验后均发现：出口显著地提高了企业全要素生产率，进而带动企业工资水平提高。Sobel-Goodman检验法指出：中介效应在出口对企业工资的总效应中占比为25.2%。Bootstrap检验法中这一占比的结果为25.5%。这也反映了出口影响企业工资中间渠道不唯一。

进一步分析的结果表明：出口对企业的工资影响随企业特征、行业性质以及所有制结构的不同而展现出差异性。在同一行业内部，由于企业的特征差异，出口对企业工资的影响程度不一样。出口对规模较大企业工人工资的影响最大，溢价程度为5.2%。出口对资本密集型企业工人的工资影响程度超过对劳动密集型企业工人的影响，其溢价程度为6.1%。出口对续存年限时间更长的企业工人工资影响更显著，溢价程度为7.2%。出口对不同行业类别的企业工资影响程度不同。高技术行业内，出口对企业工人工资的影响最显著，为7.4%；低技术行业中的影响程度次之，为4.2%；中等技术行业中出口对企业工人工资的影响程度最低，为2.4%。出口对不同所有制企业中工资溢价的影响情况是：公有类型企业中出口对企业工人工资影响最显著，为7.1%；外资企业中的影响程度次之，为6.4%；港澳台企业和私营企业中出口对企业工资的影响程度相对最小。

二、出口、劳动力特征差异与企业工资溢价

本部分从工资决定的劳动者方面考察了出口对企业工资溢价的影响。首先利用理论研究证明：出口优化了相关企业的劳动力构成，进而支付了更高的工资。然后结合微观数据进行实证检验。当同时控制劳动力特征与企业特征等影响因素后，出口仍然显著地提高了企业的工资水平，工资溢价程度为7.1%。这一结果在改变对工资测度方式、改变对出口测度方式、采用分样本回归以及剔除异常样本点之后依然是稳健的。运用分位数回归的结果表明出口对不同收入群体工资的影响不一，工资溢价在低收入群体中相

对显著，在高收入群体中相对不显著。运用倾向评分匹配的估计结果表明在克服了“自我选择”效应后，出口企业仍然具有显著的工资溢价，溢价程度为6.7%。

企业劳动力构成在出口对企业工资溢价的影响方面发挥了中介效应。利用Sobel-Goodman检验和Bootstrap检验证实了出口可以显著地提高企业内部的高技能劳动者占比，进而工资水平显著提高。Sobel-Goodman检验的结果表明：由劳动力构成导致的中介效应在总效应中占比为10.14%；Bootstrap检验也证实了中介效应的显著性，并且中介效应在总效应中占比为9.78%。

出口对具有不同学历、生产经验及性别的劳动者工资影响程度不同，高学历者、富有生产经验的劳动者以及男性劳动者的工资水平受企业出口影响最大。从学历方面看，具有专科及以上学历的劳动力获得的出口工资溢价最多，高于非出口企业中同等学力者工资约7.7%；初中及以下劳动者获得的出口工资溢价次之；出口企业与非出口企业中具有高中学历的劳动者工资差距并不显著。从生产经验方面看，富有生产经验（入职超过10年）的劳动者获得的出口工资溢价最高为7.8%。从性别构成看，男性劳动者获得的出口工资溢价高于女性劳动者，但差异程度不大。

出口还扩大了企业内工人之间的工资差距。这一部分利用实证检验得出两条结论：第一，出口显著地扩大了企业内性别工资差异，其中可能的原因在于出口企业为了提升生产率而扩大了对男性劳动力的相对需求；为了压缩企业成本而选择了更多的男性劳动者。第二，出口显著地扩大了企业内的技能工资差异，其中可能的原因主要有两个。一是出口引发了就业结构的优化调整——高技能劳动力流动性较强而低技能劳动力流动性弱，出口会提高企业内高技能劳动力占比；二是有偏的学习效应。发展中国家的企业在与发达国家进行贸易的过程中，可以有机会分享到发达国家的技术、专利与装备等，在有偏的学习效应下，更加增加了对熟练劳动力的需求，而这种熟练劳动力的集聚也会加强学习效应，导致高低技能劳动力之间的工资溢价拉大。

三、出口、租金分享与企业工资溢价

前面从企业方面和劳动力方面分别讨论了出口对企业工资溢价的影响,但是没有涉及企业与工人围绕利润谈判展开的“讨价还价”过程。本部分从企业与劳动者的互动分析出口对企业工资溢价的影响过程。首先,从理论上证明了出口能够通过租金分享过程提高企业工资的机制。然后运用2000年到2014年的中国工业企业数据与海关数据进行相应的实证检验。第一步构建理论模型,测度了企业层面工人议价能力,并考察了出口对这一集体议价能力的影响。初步回归的结果表明:出口可以显著地促进企业工人的集体议价能力提升,这一结论在改变了出口状态变量重新估计后仍然是稳健的。出口可以提高企业工人的集体议价能力,主要是因为出口企业具有更大的规模、更多的高技能劳动者与更高的生产效率。进一步分析显示:持续出口企业中,出口对工人集体议价能力的影响超过了在新进出口企业与退出出口企业;公有企业中出口对企业工人集体议价能力的影响程度超过其他所有制类型企业;高技术行业内出口对企业工人集体议价能力的影响程度超过中、低技术行业;轻工企业中,出口对企业工人集体议价能力的影响程度超过重工企业;随着时间的推移,出口对工人集体议价能力的影响逐渐趋于下降。

工人集体议价能力在出口影响企业工资溢价的过程中发挥了中介效应。利用交互项检验、Sobel-Goodman检验和Bootstrap检验证实:出口显著地提高了工人集体议价能力,并由此提高了工人的工资水平。利用Sobel-Goodman检验计算出中介效应在总效应中的占比为10.8%;利用Bootstrap检验计算出占比为11.2%。这说明出口企业工资水平的提高,不是单独由出口企业相对优越的外部条件决定,也因为企业与劳动者互动的利润分割过程。出口不仅改善了企业员工的工资待遇,还提升了劳动的收入份额,具有缓和企业内部劳资关系的作用。

第二节 政策启示

鉴于上面的结论，本书认为，一方面应该重视出口贸易为企业带来的福利效应，积极鼓励符合条件的企业更多地走向海外市场；另一方面也应该重视出口贸易导致的收入差距扩大化问题，重视分配公平。在此基础上提出几点政策启示。

第一，充分认识出口对收入分配造成的双重影响，运用多种方法手段合理调节收入分配的不平等。本书的结论显示：出口会导致同一行业内部企业之间工资差距扩大，也会导致同一企业内部的工资差距扩大。出口虽然是中国经济高速发展的动力之一，却也不可避免地加剧了微观领域的收入分配不平等。所以政府必须运用有效手段缩小收入分配不平等。在制定鼓励企业出口的贸易与产业政策同时，必须考虑合理利用出口企业带来的税收增值缩小由此扩大的收入差距，强化税收在工资差距中的杠杆作用。比如国家可以把从出口企业获得的税收增值用于低收入、低社保等方面的投资。同时，应该注意出口提升的是整个行业的人均工资，故而出口企业对非出口企业存在持续的工资外溢效应。所以政府应鼓励出口企业发挥示范作用，向非出口企业示范先进技术与管理经验，通过带动作用有效促进行业生产率提高，缩小出口企业与非出口企业之间的工资差距。

第二，优化贸易结构，缩小出口企业与非出口企业的工资差距。本书的实证分析结果表明，一般贸易企业可以通过出口获得更高的工资水平，而加工贸易企业的人均工资却低于一般企业。这是因为加工贸易企业的技术水平相对较低、劳动生产率较低、产品附加值较低。为了提高加工贸易企业的工资水平，缩小工资差距，一方面应该进一步降低加工贸易比重，从单纯强调出口规模向调整出口贸易结构转变；另一方面应该通过出口退税政策、降低加工成本费用、建立转移合作机制等方式，鼓励加工贸易企业在价值链高端增加研发投入，降低单位生产成本，提高产品附加值，从而提高出口竞争力。在贸易结构的优化方面，除了传统的货物贸易的转型升级，还应该继续支持和鼓励现代服务贸易的发展，目前，现代服务贸易以云计算、人工智能、大数据为技术手段，有效地推动了中国与其他国家的经贸合作，制造了大量的就业岗位，也带来了巨额的经济利润。以 2019 年为例，中国服务贸易总额为 54152.9 亿元人民币，占到 GDP 总量的 6%左右，经济实力不容小觑。可见，继续鼓励服务贸易优化升级既能促进中国贸易结构向高度化、合理化方向发展，又能够为国家创造更多的贸易利得，提升出口行业的整体工资水平。

第三，推进产业结构转型，优化外资引进战略。本书的实证分析结果显示：高、中技术行业内部的企业工资均高于低技术行业，出口贸易会进一步地提高高技术行业、中技术行业内的企业工资。但是，出口对于低技术行业内企业工资的影响则不明显。低技术行业多为劳动密集型行业，而中、高技术行业多为技术密集型行业或资本密集型行业，因此，应该鼓励低技术行业以出口为契机，促进劳动密集型行业向技术密集型行业或资本密集型转型，积极淘汰落后产能，大力发展高新技术产业和高端服务、实现产业结构的优化升级。此外，本书还显示：外资型出口企业的工资显著高于内资型出口企业，更高于一般的内资企业。这反映了外资企业与内资企业在劳动力市场争夺优质劳动力时展开的激烈竞争。而大部分优质劳动力流向外资企业是受到高工资、相对更好的发展空间等条件的影响。所以，内资企业应该在薪酬方面尽量有所提高，以吸引高技能人才加盟。而国家在积极引进外资过程中，应该营造相对公平的竞争环境，注意内外资企业之间的协调发展。

第四，加大对人力资本的投入力度、缩小技能工资溢价。本书的实证结果表明，企业的劳动力构成（员工性别构成、受教育程度、职称结构、员工技能水平等）会对工资溢价有显著正向影响。而出口企业劳动力构成又显著高于非出口企业。对于非出口而言，其发展方向应该以出口为契机，加大对人力资本的投资力度，提升员工整体素质与技能水平，改善企业薪酬结构。对于掌握先进知识技术、具有丰富工作经验的高技能劳动者，应给予与出口企业相近的工资待遇及其他发展条件，让高技能人才安于职守并发挥出创造潜能。同时，非出口企业应该为低技能劳动者提供更多教育机会，加强专业技能培训和职业技能培训，引导低技能劳动者适应新技术、新知识，缩小与高技能劳动者之间的能力差距，进而实现劳动力构成的优化，为企业最终进入海外市场奠定条件。对于已经进入出口市场的企业，则应该发挥在技术与管理方面的优势，帮扶同行业中的内销企业，使更多的内销企业步入出口市场，获得更多的贸易利得。

第五，健全工会组织、消除性别歧视、缩小工资差距。本书通过实证分析发现：有工会组织的企业，其工资水平高于无工会组织的企业，工会规模越大的企业，其工人的集体议价能力越强，工人也因此获得更高的工资。虽然国内企业的工会组织与国外相比，在职工维权、工资谈判方面发挥的作用相对有限，但工会仍然能够在发放福利和维护劳动者利益方面发挥作用，有工会组织的企业也往往更加重视工人的利益与想法。而目前，国内有工会组织的企业一般是国有企业或大型企业；小型企业或非公有类型的企业中几乎没有正规的工会机构，因此这些性质企业很难对企业工人的工资、福利以及其他的正当理由进行维护或争取。因此，政府应大力推进小型企业或非公有制企业建立健全的工会组织，维护职工权益，提高职工相应福利与待遇，进而提高工资水平。本书的实证结果还表明：男性占比越高的企业，其出口工资溢价越明显。同一企业内部的性别工资溢价会随着企业出口而进一步扩大。这里主要原因在于男性员工在受教育程度和劳动效率等方面更具有比较优势；而且男性员工对企业事务的参与度更高，对企业工资的议价能力更强，所以其平均工资水平高于女性员工。企业出口以后，更加激烈的国际竞争会进一步加剧男女员工的就业比例失调，导致企业内的性别工资溢价持续扩大。因此，政府应该鼓励用人单位在招聘时优先考虑能力因素，尽量消除性别歧视，鼓励同工同酬；同时，政府应该为女性员工提供更多的社会救助保障。由于长期存在的就业性别歧视以及在家庭分工中承担更多责任，女性劳动力在求职中往往处于劣势地位，在企业内也被局限在较低的发展层次。只有在政策上向女性员工多倾斜，才能让其获得更加公正的就业机会与薪金报酬。

第六，适度提高高技能劳动力的工资水平，激励高技能人才的创新潜能，实现技能工资溢价对经济的正效应。本书结果证明：出口会进一步扩大企业内的技能工资溢价。而技能工资溢价对经济发展与社会稳定具有双重效应。技能工资溢价过小，既会导致绝对的平均主义不断蔓延，也是对能力强、工作努力劳动者的不公正，会挫伤高技能劳动者的生产积极性与创新精神，导致生产效率低下。所以虽然前面强调了很多关于如何缩小企业之间工资差距的做法，但是本书坚持应该适度为高技能劳动者提高薪酬，这样做有利于提升高技能劳动者工作积极性和创造性，提高劳动生产效率。保持适度的技能工资溢价，有利于非出口企业进入国际市场，也有助于出口企业持续较高的生产效率，获得更多的贸易利得。

第三节　研究展望

本书从理论与实证两个方面论证了出口对企业工资作用的三个机制。为揭示出口与企业工资的内在关系、深化现有针对国内的相关研究提供了思考和经验支持。但是，本书在如下几个方面存在不足，需要在未来的相关研究中得到深化或拓展。

第一，来自数据方面的限制。目前的工企数据大部分年份缺乏劳动力特征指标，因此在很多分析中都忽略了劳动力特征变量的影响。如果可以获得企业特征与劳动力特征匹配后的数据、时间跨度能够更长、就可以较好地克服由于无法控制的外部因素造成的有偏估计，令结果更加可靠，研究结论更可信。

第二，对劳动力市场摩擦因素考虑较少。本书主要分析了企业异质性下出口对企业工资的影响、企业与劳动力异质性下出口对企业工资的影响以及基于租金分享观点的出口对企业工资变化影响。这里有考虑劳动力市场摩擦成本，是以工人的讨价还价能力体现出来的，但是，劳动力市场还有其他的摩擦成本，比如搜寻匹配、互相识别等。如果考虑的因素越全面，分析结果也就越接近真实情况。但是由于受限于数据和寻找代理变量等困难，上述思考没有在本书中得以体现。

第三，缺乏出口对服务贸易企业工资的影响研究。本书中的样本企业是制造业企业，使用的微观数据是中国工业企业数据，所以忽略了服务贸易企业中的工资决定问题，没有分析出口对服务贸易企业中工资的影响规律。服务贸易在目前良好的经济发展前景下，无论是发展规模还是发展质量都有了十分瞩目的变化、服务贸易的比重也在贸易方式中显著提高。所以，应该结合新形势扩展本主题的研究范围，特别是关注出口对服务贸易企业工资决定的新特点、新变化。

参考文献

[1]包群,邵敏,侯维忠. 出口改善了员工收入吗?[J]. 经济研究,2011(9):41-54.

[2]包群,邵敏.外商投资与东道国工资差异:基于中国工业行业的经验研究[J]. 管理世界,2008(5):46-54 .

[3]陈波,贺超群.出口与工资差距:基于中国工业企业数据的理论与实证分析[J]. 管理世界,2013(8):6-15.

[4]陈昊.出口是否加剧了就业性别歧视?——基于倾向评分匹配的再估计[J]. 财经研究,2010(9):109-119.

[5]陈继勇,王保双.中国出口贸易的工资溢出效应——基于不同企业类别与行业类别的实证研究[J]. 经济管理,2014(8):11-20.

[6]陈林.中国工业企业数据库的使用问题再探[J].经济评论,2018(6):140-153.

[7]陈强.高级计量经济学与 STATA 应用[M]. 北京:高等教育出版社,2010.

[8]池仁勇,朱帆.企业议价能力的影响因素分析:浙江产品实证[J]. 浙江工业大学学报(社会科学版), 2012(1):1-5.

[9]戴觅,余淼杰,Maitra M.中国出口企业生产率之谜:加工贸易的作用[J]. 经济学(季刊).2014(1):675-698.

[10]董直庆,蔡啸,王林辉.技能溢价:基于技术进步方向的解释[J].中国社会科学,2014(10):23-40.

[11]杜威剑,李梦洁. 出口会扩大企业内工资差距吗?——基于工人议价能力视角的实证研究[J]. 中央财经大学学报,2016(4):112-121.

[12]杜威剑，李梦洁．出口会扩大企业内工资差距吗——基于市场进入视角的微观解释[J]．财贸研究，2017(2)：39-46.

[13]樊海潮，郭光远．出口价格、出口质量与生产率间的关系：中国的证据[J]．世界经济，2015(2)：58-85.

[14]范剑勇，冯猛．中国制造业出口企业生产率悖论之谜：基于出口密集度差别上的检验[J]．管理世界，2013(8)：16-29.

[15]高秀娟．在华跨国公司中女性员工经济地位的影响因素分析[J]．中外企业家，2010(6)：222-224.

[16]贺光烨，吴晓刚．市场化、经济发展与中国城市中的性别收入不平等[J]．社会学研究，2015(1)：140-165.

[17]黄静波，刘淑林．出口企业员工收入增长更快？——基于倾向得分匹配的实证分析[J]．财贸研究，2013(6)：62-69.

[18]黄玖立，李坤望．出口开放、地区市场规模和经济增长[J]．经济研究，2006(6)：27-38.

[19]黄晓兵，黄静波．异质企业、贸易成本与出口——基于中国企业的研究[J]．南开经济研究，2013(4)：111-126.

[20]黄艳敏，张岩贵．知识产权保护和FDI对中国行业工资差距影响的实证分析[J]．中央财经大学学报，2010(3)：72-77.

[21]黄志岭，姚先国．教育回报率的性别差异研究[J]．世界经济，2009(7)：74-83.

[22]姜雪．中国技能溢价的演变及其影响因素研究[D]．北京：中央财经大学，2015.

[23]蒋业恒，李清如．贸易自由化对工资差距的影响及作用机制——基于中国制造业企业的实证研究[J]．财经论坛，2016(4)：11-19.

[24]李春顶．中国出口企业是否存在“生产率悖论”：基于中国制造业企业数据的检验[J]．世界经济，2010(7)：64-81.

[25]李宏兵，蔡洪波．出口开放扩大了技能工资差异吗？[J]．经济管理，2013(11)：13-23.

[26]李宏兵，赵春明，蔡宏波．外资进入扩大了性别工资溢价吗[J]．统计研

究,2014(6):57-65.
[27]李静,彭飞. 出口企业存在工资红利吗?[J]. 数量经济技术经济研究,2012(12):20-37.
[28]李坤望,蒋为,宋立刚. 中国出口产品品质变动之谜:基于市场进入的微观解释[J]. 中国社会科学,2014(3):80-103.
[29]李磊,刘斌,丁勇. 全球价值链参与对企业工资的影响研究[J]. 中南财经政法大学学报,2017(3):97-105.
[30]李磊,刘斌,胡博,等. 贸易开放对城镇居民收入及分配的影响[J]. 经济学(季刊),2011(11):309-326.
[31]李磊,王小洁,蒋殿春. 外资进入对中国服务业性别就业及工资差距的影响[J]. 世界经济,2015(10):169-192.
[32]李利英,董晓媛. 性别工资差异中的企业效应[J]. 经济研究,2008(9):123-136.
[33]梁俊伟,张二震. 技术进步,工资差异与贸易顺差[J]. 经济科学,2009(2):22-32.
[34]刘斌,李磊. 贸易与性别工资溢价[J]. 经济学(季刊),2012(2):429-460.
[35]刘灿雷,王永进,李宏兵. 出口产品质量分化与工资不平等——来自中国制造业的经验证据[J]. 财贸经济,2018(1):101-117.
[36]刘灿雷,王永进. 出口扩展与企业间工资差距:影响与机制[J]. 世界经济,2019,42(12):99-120.
[37]刘长庚,王伟,许明. 上市公司业绩、资本市场特征与高管薪酬激励研究——以湖南上市公司为例[J]. 经济经纬,2014,31(3):90-94.
[38]刘贯春,张军,陈登科. 最低工资、企业生产率与技能溢价[J]. 统计研究,2017,34(1):44-54.
[39]刘海洋,孔祥贞,马靖. 补贴扭曲了中国工业企业的购买行为吗?——基于讨价还价理论的分析[J]. 管理世界,2012(10):119-129.
[40]刘海洋,孔祥贞. 出口贸易提高了出口企业工资水平吗?——基于1999—2007年中国企业微观数据的实证分析[J]. 西部论坛,2012(4):

62-69.

[41]刘美秀，朱晓明，徐晓聪，等. 贸易自由化对工资及其份额的影响——基于微观企业贸易参与的视角[J]. 宏观经济研究，2015(11)：119-130.

[42]刘晓宁，魏子东. 关税减让与异质性企业出口强度——基于中国制造业的实证分析[J]. 江西社会科学，2015(5)：86-93.

[43]刘瑶. 外包与要素价格：从特定要素模型角度的分析[J]. 经济研究，2011(3)：48-58.

[44]龙勇，刘贤凯. 合作中的讨价还价能力[J]. 企业改革与管理，2004(2)：18-19.

[45]鲁晓东，连玉君. 中国工业企业全要素生产率估计：1999—2007[J]. 经济学(季刊)，2012，11(1)：541-558.

[46]吕康银，王文静，张丽. 行业工资的性别差异研究[J]. 山东社会科学，2010(6)：157-160.

[47]马述忠，王笑笑. 出口与异质性对中国企业工资差异的影响：基于 HIR 模型的理论拓展及实证分析[J]. 国际贸易问题，2015(11)：15-26.

[48]毛其淋，盛斌. 贸易自由化、企业异质性与出口动态——来自中国微观企业数据的证据[J]. 管理世界，2013(3)：48-68.

[49]毛其淋，许家云. 中国外向型 FDI 对企业职工工资报酬的影响：基于倾向得分匹配的经验分析[J]. 国际贸易问题，2014(11)：121-131.

[50]毛日昇. 出口、外商直接投资与中国制造业就业[J]. 经济研究，2009(11)：105-117.

[51]莫旋，刘杰. 中国是否存在工会“工资溢价”效应？——基于工业企业微观数据的分析[J]. 商业研究，2016(6)：50-58.

[52]莫旋，肖黎. 出口企业支付了更高的职工工资吗？[J]. 首都经济贸易大学学报，2016(3)：76-84.

[53]聂辉华，江艇，杨汝岱. 中国工业企业数据库的使用现状和潜在问题[J]. 世界经济，2012(5)：142-158.

[54]潘士远. 贸易自由化、有偏的学习效应与发展中国家的工资差异[J]. 经济研究，2007，42(6)：9.

[55]平新乔，关晓静，邓永旭，等. 外国直接投资对中国企业的溢出效应分析：来自中国第一次全国经济普查数据的报告[J]. 世界经济，2007，30(8)：3-13.

[56]钱学锋，王胜，陈勇兵. 中国的多产品出口企业及其产品范围：事实与解释[J]. 管理世界，2013(1)：9-27.

[57]钱学锋，王菊蓉，黄云湖，等. 出口与中国工业企业的生产率——自我选择效应还是"出口学习"效应？[J]. 数量经济技术经济研究，2011(2)：37-51.

[58]曲兆鹏，范言慧. 对外开放扩大还是缩小了中国的工资不平等？[J]. 世界经济研究，2012(3)：3-9.

[59]权家敏，强永昌. 贸易自由化与制造业企业工资溢价——基于中国的实证研究[J]. 国际经贸探索，2015(8)：16-28.

[60]权家敏. 不同出口密集度企业的出口工资溢价——来自中国的证据[J]. 经济问题，2014(11)：106-111.

[61]邵敏. 中国企业出口对员工收入的影响——基于企业异质性视角的经验研究[J]. 中国工业经济，2011(9)：67-77.

[62]盛丹，陆毅. 出口贸易是否会提高劳动者工资的集体议价能力[J]. 世界经济，2016(5)：122-124.

[63]盛丹. 外资进入是否提高了劳动者的讨价还价能力[J]. 世界经济，2013(10)：54-78.

[64]施炳展. 中国企业出口产品质量异质性：测度与事实[J]. 经济学(季刊)，2013(1)：263-284.

[65]史青. 企业出口对员工工资影响的再分析——基于广义倾向得分法的经验研究[J]. 数量经济技术经济研究，2013(3)：3-21.

[66]孙敬水，丁宁. 企业异质性、出口对工资溢价的影响[J]. 经济理论与经济管理，2019(5)：4-17.

[67]孙敬水，丁宁. 企业异质性、劳动力异质性与技能工资溢价[J]. 商业经济与管理，2019(8)：41-57.

[68]孙敬水. 居民收入差距适度性测度与预警研究[M]. 北京：中国社会科

学出版社,2014.

[69]孙浦阳,蒋为,张龑. 产品替代性与生产率分布——基于中国制造业企业数据的实证[J]. 经济研究,2013(4):30-42.

[70]汤二子,孙振.中国企业出口贸易对劳动者工资的影响研究[J]. 统计与信息论坛,2013(5):51-56.

[71]汤毅,尹翔硕.贸易自由化、异质性企业与全要素生产率——基于中国制造业企业层面的实证研究[J]. 财贸经济,2014(11):79-88.

[72]田巍, 余淼杰. 企业出口强度与进口中间品贸易自由化:来自中国企业的实证研究[J]. 管理世界, 2013(1):28-44.

[73]田巍,余淼杰.企业生产率和企业"走出去"对外直接投资:基于企业层面数据的实证研究[J].经济学(季刊),2012(2):383-408.

[74]王铂.国际贸易对中国工人工资的影响研究——基于工业部门的面板数据分析[J]. 经济问题,2010(6):33-35.

[75]王德文,蔡昉,张国庆.农村迁移劳动力就业与工资决定: 教育与培训的重要性[J]. 经济学(季刊), 2008(3):1131-1148.

[76]王林辉,韩丽娜. 技术进步偏向性及其要素收入分配效应[J]. 求是学刊, 2012(1):56-62.

[77]王林辉,赵景.技术进步偏向性及其收入分配效应:来自地区面板数据的分位数回归[J]. 求是学刊, 2015(4):51-60.

[78]王小洁,郑妍妍,刘鹏程.外资进入与中国工业企业性别工资溢价[J]. 国际商务,2017(5):90-103.

[79]温忠麟, 叶宝娟. 有调节的中介模型检验方法:竞争还是替补? [J]. 心理学报, 2014, 46(5):714-726.

[80]温忠麟, 张雷, 侯杰泰,等. 中介效应检验程序及其应用[J]. 心理学报, 2004, 36(5):614-620.

[81]翁杰. 国际贸易、租金分享和工资水平——基于浙江制造业的实证研究[J]. 国际贸易问题,2008(11):58-67.

[82]吴晓怡,邵军,安梦丹. 中国制造业企业参与全球价值链能提高工资水平吗[J]. 国际经贸探索,2019(3):18-36.

[83]肖文,周明海.贸易模式转变与劳动收入份额下降——基于中国工业分行业的实证研究[J].浙江大学学报:人文社会科学版,2010(5):154-163.

[84]谢建国,赵锦春,林小娟.不对称劳动参与、收入不平等与全球贸易失衡[J].世界经济,2015(9):56-79.

[85]邢春冰.不同所有制企业的工资决定机制考察[J].经济研究,2005(6):16-26.

[86]许和连.亓朋,李海峥.外商直接投资、劳动力市场与工资溢出效应[J].管理世界,2009(9):53-68.

[87]叶林祥,李实,罗楚亮.效率工资、租金分享与企业工资收入差距——基于第一次全国经济普查工业数据的实证研究[J].财贸研究,2011(3):4-16.

[88]于洪霞,陈玉宇.外贸出口影响工资水平的机制探析[J].管理世界,2010(10):45-78.

[89]余东华,孙婷.环境规制、技能溢价与制造业国际竞争力[J].中国工业经济,2017(5):35-53.

[90]余淼杰,梁中华.贸易自由化与中国劳动收入份额——基于制造业贸易企业数据的实证分析[J].管理世界,2014(7):23-31.

[91]喻美辞,喻春娇.国际贸易、技术创新与中国城镇劳动力的技能工资溢价——基于劳动力个体微观数据的实证研究[J].国际贸易问题,2016(5):16-27.

[92]袁青川,易定红.中国工会对工资收入分配不平等影响的实证分析——基于基尼系数的 RIF-OLS 估计的 Blinder-Oaxaca 分解[J].中国劳动关系学院学报,2017,31(5):106-116.

[93]曾国彪,姜凌.贸易开放、技能溢价与工资差距——基于 CGSS 数据的经验研究[J].世界经济文汇,2014(6):1-16.

[94]詹宇波,张军,徐伟.集体议价是否改善了工资水平:来自中国制造业企业的证据[J].世界经济,2012(2):63-83.

[95]张车伟,薛欣欣.国有部门与非国有部门工资差异及人力资本贡献[J].

经济研究，2008(4):15-25.
[96]张川川.出口对就业、工资和收入不平等的影响——基于微观数据的证据[J].经济学(季刊),2015(3):1611-1630.
[97]张明志,刘杜若,邓明.贸易开放对技能溢价的影响:理论机制与中国实证[J].财贸经济,2015(4):85-95.
[98]张笑牧.贸易自由化对中国工业企业工资的影响[D].复旦大学,2011.
[99]赵春燕,蔡瑶.出口增长的二元边际对工资的影响——基于中国企业匹配数据的经验研究[J].开发研究,2015(4):80-84.
[100]赵春燕,王世平.进口企业存在工资溢价吗?[J].中南财经政法大学学报,2014(1):96-103.
[101]赵珂馨,劳动力成本上涨对中国服务业出口的影响实证分析[J].商业经济研究,2018(12):23-30.
[102]赵伟,李芬.异质性劳动力流动与区域收入差距:新经济地理学模型的扩展分析[J].中国人口科学，2007(1):27-35.
[103]赵伟,赵金亮,韩媛媛.异质性、沉没成本与中国企业出口决定:来自中国微观企业的经验证据[J].世界经济,2011(4):62-79.
[104]周禄松,郑亚莉.国际贸易对中国制造业熟练与非熟练劳动力工资差距的效应研究——基于省级面板数据的实证分析[J].浙江理工大学学报(社会科学版),2015(2):96-101.
[105]周申,李春梅,谢娟娟.国际贸易与劳动力市场:研究述评[J].南开经济研究,2007(3):107-123.
[106]周申,李红彦,李可爱.贸易、技术、制度与中国工业部门工资溢价[J].中国经济问题,2012(1):22-31.
[107]周申.贸易自由化对中国工业劳动需求弹性影响的经验研究[J].世界经济,2006(2):31-40.
[108]朱彤,刘斌,李磊.外资进入对城镇居民收入的影响及差异——基于中国城镇家庭住户收入调查数据(CHIP)的经验研究[J].南开经济研究2012(2):33-54.
[109] Acemoglu D, Autor D. Tasks and technologies: Implications for

employment and earnings[J]. Handbook of Labor economics, 2011 (4):1043-1171.

[110] Acemoglu D. Patterns of skill premia[J]. Review of Economic Studies,2003,70(2):199-230.

[111] Acemoglu D. Why do new technologies complement skills? Directed technical change and wage inequality [J]. Quarterly Journal of Economics,1998(113):1055-1090.

[112] Ackerberg A, Caves K, Frazer G. Identification properties of recent production function estimators [J]. Econometrica, 2015, 83 (6): 2411-2451.

[113] Addison J T, Teixerra P, STEPHANI J, et al. Declining unions and the coverage wage gap: Can German Unions still cut it? [J]. Journal of Labor Research,2015,36(3):1-17.

[114] Ahn J, Khandelwal A K, Wei S J. The role of intermediaries in facilitating trade[J]. Journal of Inter-national Economics, 2011(1): 73-85.

[115] Akerlof G, Yellen J. Fairness and unemployment [J]. American Economic Review,1988,78(2):44-49.

[116] Amiti M, Davis D R. Trade, firms, and wages: Theory and evidence [J]. Review of Economic Studies, 2011, 79(1):1-36.

[117] Amiti M, Konings J. Trade liberalization, intermediate inputs, and productivity: Evidence from Indonesia [J]. American Economic Review,2007(5):1611-1638.

[118] Anderson J E. Globalization and income distribution: A specific factors continuum approch [R]. NBER Working Paper, No. 14643, 2009.

[119] Anwar S, Sun S. Trade liberalisation, market competition and wage inequality in China's manufacturing sector[J]. Economic Modelling, 2012(3): 1268-1277.

[120] ARA, López. Exporting and performance: Evidence from Chilean plants[J]. Canadian Journal of Economics, 2005, 38(4):1384-1400.

[121]Arnold J M, Hussinger K. Export behavior and firm productivity in German manufacturing [J]. Review of World Economics, 2005(2): 219-243.

[122] Arrow K J. Economic welfare and the allocation of resources for invention[J]. Journal of Law & Economics,1962(12):219-236.

[123]Autor D F, Katz L F,KRUEGER A B. Computing inequality: Have computers changed the labor market? [J]. Quarterly Journal of Economics,1998,113(4):1169-1213.

[124]Autor D, Dorn D, Hanson G H. The China syndrome: Local labor market effects of import competition in The United States[J]. The American Economic Review,2013(6):2121-2168.

[125]Bacharach B, Lawler E. Bargaining: Power, tactics and outcomes[J]. The Academy of Management Review,1983(1):159-162.

[126] Bai X,Krishna K,Ma H. How you export matters: Export mode, Learning and productivity in China [J]. Journal of International Economics,2017(3):122-137.

[127]Baldwin R E. Heterogeneous firms and trade: Testable and untestable properties of the melitz model [R]. NBER Working Paper No. W11471,2005.

[128]Barro R J,Lee J W. International comparisons of education attainment [J]. Journal of Monetary Economics,1993,32(3):363-394.

[129]Baum C F, Schaffer M E, Stillman S. Enhanced Routines for Instrumental Variables /GMM Estimation and Testing[J]. The Stata Journal. 2007,7(4):465-506.

[130]Becker G. The Economics Discrimination [M]. Chicago:University of Chicago, 1963.

[131]Becker S O, Egger P H. Endogenous product versus process

innovation and a firm's propensity to export[J]. Empirical Economics, 2013,44(1): 29-354.

[132] Bergin P R, Feenstra R C. Staggered Price Setting, Translog preferences, and endogenous persistence[J]. Journal of Monetary Economics,2000,45(3):657.

[133]Berik G, Rodgeres Z, Veglich E . International trade and gender wage discrimination: Evidence from East Asia[J]. Review of Development Economics,2004,8(2):237-254.

[134]Bernard A B, Jensen J B. Exceptional exporter performance: Cause, effect, or both? [J]. Journal of International Economics, 1999, 47 (1): 1-25.

[135] Bernard A B, Jensen J B. Exporters, Jobs, and Wages in U. S. Manufacturing: 1976—1987 [J]. Brookings Papers on Economic Activity, Microeconomics, 1995: 67-119.

[136]Bernard A B, Moxnes A, Ullveit M K. Two-sided heterogeneity and trade [J]. Review of Economics and Statistics, 2018, 100 (3): 424-439.

[137]Bernard A B,Redding S J,Schott P K. Multiproduct firms and trade liberalization[J]. The Quarterly Journal of Economics, 2011,126(3): 1271-1318.

[138]Bernard A B, Entry, Expansion, and intensity in the U. S. export boom, 1987—1992 [J]. Review of International Economics, 2004, 12 (4):662-675.

[139] Bernard A B. Wagner G. Exports and success in German manufacturing [J]. Review of World Economics. 1997, 133 (1):134-157.

[140] Bernard A, Eaton J, Jensen J, et al. Plants and productivity in international trade [J]. American Economic Review, 2003 (93): 1268-1290.

[141] Bertola G, Garibald P. Wages and the size of firms in dynamic matching models[J]. Review of Economic Dynamics, 2001, 4 (2): 335-368.

[142]Black S, Brainerd E. Importing equality? The impact of globalization on gender discrimination[J]. Industrial & Labor Relations Review, 2004(4):540-559.

[143]Blalock G, Gertler P J. Welfare gains from foreign direct investment through technology transfer to local suppliers [J]. Journal of International Economics, 2008, 74(2):402-421.

[144] Blundell R, Bond S. Initial conditions and moment restrictions in dynamic panel data models[J]. Journal of Econometrics, 1998 (1): 115-143.

[145]Brambilla I. Exports, export destinations, and skills[J]. American Economic Review, 2016, 102(1):3406-3438.

[146]Brandt L, Biesebroeck J, Zhang Y. Creative accounting or creative destruction? Firm-level productivity growth in Chinese manufacturing [J]. Journal of Development Economics, 2012(2):339-351.

[147]Breau S, Rigby R L, Is there really an export wage premium? A case study of Los Angeles using matched employer-employee data [J]. International Regional Science Review, 2006, 29(3):297-310.

[148] Brecher R A. Minimum wage rates and the pure theory of international trade[J]. Quarterly Journal of Economics, 1974 (6): 98-116.

[149]Brosius J, Ray J C, Verheyden B, et al. Wage Differentials Between Natives and Cross-Border Workers Within and Across Establishments [J]. Liser Working Paper, 2014(6):1-17.

[150] Burstein A, Vogel J. Globalization, Technology, and the Skill Premium: A Quantitative Analysis [R]. Cambridge, MA: National Bureau of Economic Research, 2010:16459.

[151]Bustos P. The Impact of Trade Liberalization on Skill Upgrading Evidence from Argentina [R]. arcelona GSE Working Paper Series,2007.

[152]Cahuc P, Michel P. Minimum wage unemployment and growth[J]. European Economic Review. 1996(7) :1463-1482.

[153]Cai H,Liu Q. Competition and corporate tax avoidance: Evidence from Chinese industrial firms [J]. Economic Journal, 2009 (5): 764-795.

[154]Card D. Using regional variation in wages to measure the effects of the federal minimum wage[J]. Industrial &Labor Relations Review, 1992(1):22-37.

[155]Carl D, Steven M J, Andrei S. Globalization and firm level adjustment with imperfect labor markets[J]. Journal of International Economics, 2008, 75(2):295-309.

[156]Caroli E,Reenen J V. Skill-Biased Organizational Change? Evidence From A Panel Of British And French Establishments[J]. Cepremap Working Papers,2001,116(4):1449-1492.

[157]Castellani D. Export behavior and productivity growth:Evidence from Italian manufacturing firms [J]. Weltwirtschaftliches Archiv, 2002 (138):605-628.

[158]Chatterji M, Sparks R. Real wages, productivity, and the cycle:An efficiency wage model[J]. Journal of Macroeconomics, 1991(13): 495-510.

[159]Chaudhuri S, Banerjee D. Foreign capital inflow, Skilled-unskilled wage inequality and unemployment of unskilled labour in a fair wage mode[J]. Economic Modelling,2010(1):477-486.

[160]Chen B, Yu M J, Yu Z H. Wage inequality and input trade liberalization: Firm-level evidence from China [J]. SSRN,2013.

[161]Chen Baizhu, Yi Feng. The determinants of economic growth in

China[J]. China Economic Review, 2000(11):1-15.

[162]Clarke G. Manufacturing Firms in Africa: Some Stylized Facts About Wages and Productivity[R]. Mpra Paper,No. 36122,2012(8):47-86.

[163]Combes P P , Duranton G , Gobillon L . Spatial wage disparities: sorting matters! [J]. Cepr Discussion Papers, 2008, 63(2):723-742.

[164]Corbyn. Estimating market power and strategies [J]. Journal of the Royal Statistical Society: Series A (Statistics in Society), 2009, 172 (4):943-944.

[165]Crrossman G M, Helpman. technology and trade[J]. Handbook of International Economics, 1995(3):1279-1337.

[166]Davids, Harrigan. Good jobs, bad jobs, and trade liberalization [J]. Journal of International Economics, 2011, 84(1):26-36.

[167]Davidson C, Matusz S J, Shevchenko A. Globalization and firm level adjustment with imperfect labor markets [J]. Journal of International Economics, 2008,75(2):295-309.

[168]De Loecker J, Warzynski F. Markups and firm-level export status [J]. The American Economic Review,2012,102(6): 2437-2471.

[169]De Loecker J. Do exports generate higher productivity? Evidence from Slovenia[J]. Journal of International Economics, 2007, 73(1): 69-98.

[170] Dickens W T, Katz L F. Inter-industry Wage Differences and Theories of Wage Determination[R]. NBER Working Papers, 1987.

[171]Dixit K, Stiglitz J E. Monopolistic competition and optimum product diversity[J]. American Economic Review,1977(67):297-308.

[172]Dollar D, Kraay A. Growth is good for the poor[J]. Journal of Economic Growth, 2002(3):195-225.

[173] Eaton J, Eslava M, Kugler M, Tybout J. Export dynamics in Colombia: Firm level evidence [R]. NBER Working Papers No. 13531,2007.

[174]Ebenstein A,Harrison A,Mcmillan M,et al. Estimating the impact of trade and offshoring on American workers using the current population surveys[J]. Review of Economics and Statistics,2014(4): 581-596.

[175]Ederington J, Minier J, Troske K. Where the Girls Are: Trade and Labor Market Segregation in Colombia [R]. Working Paper, 2009.

[176]Egger H, Kreickemeier U. Firm heterogeneity and the labor market effects of trade liberalization [J]. International Economic Review, 2009,50(1):187-216.

[177]Evenson R E, Westphal L E. Technological change and technology strategy[J]. Handbook of Development Economics, 1995, 3(5): 2209-2299.

[178]Fairris D, Jonasson E. What accounts for intra-industry wage differentials? Results from a survey of establishments[J]. Journal of Economic Issues, 2008,42(1):97-114.

[179]Feenstra R C, Hanson G H. Foreign investment, outsourcing and relative wages[J]. Political Economy of Trade Policy Essays in Honor of Jagdish Bhagwati, 1996:89-127.

[180]Feenstra R C, Hong C. China's exports and employment [M]. Feenstra R C, Wei S J. China's Growth Role in World Trade. Chicago, IL: NBER and University of Chicago Press,2010:167-199.

[181]Felibermayr G, Prat J, Schmerer H J. Globalization and labor market outcomes: Wage bargaining, search frictions, and firm heterogeneity [J]. Journal of Economic theory, 2011, 146(1):39-73.

[182]Figini P. Does foreign direct investment affect wage inequality? An empirical investigation[J]. The World Economy,2011(9):1455-1475.

[183]Frias J,Kaplan D,Verhoogen E. Exports and wage premia:Evidence from Mexican employer-employee data[R]. Unpub Paper,2009.

[184]Fryges H,Wagner J. Exports and productivity growth: First evidence

from a continuous treatment approach [J]. Review of World Economics,2008(4): 695-722.

[185]Fussell E. Making labor flexible: The recomposition of Tijuana's maquiladora female labor force[J]. Feminist Economics, 2000(3): 59-79.

[186]Ge S,Yang D T. Changes in China's wage structure[J]. Journal of the European Economic Association, 2014,12(2):300-336.

[187]Gibbons R, Waldman M. A theory of wage and promotion dynamics inside firms[J]. Journal of Labor Economics,2006,24(1):59-107.

[188] Girma S, Greenaway D, Kneller R. Does exporting increase productivity? A microeconomic analysis of matched firms[J]. Review of International Economics,2004(12):855-866.

[189]Goldberg P K,Pavcnik N. Distributional Effects of Globalization in Developing Countries [R]. National Bureau of Economic Research,2007.

[190]Greenaway D,Kneller R. Industry differences in the effect of export market entry: Learning by exporting [J]. Review of World Economics, 2007(143):416-432.

[191] Grossman G M, Rossi-Hansberg E. Task trade between similar countries[J]. Econometrica, 2012(2) :593-629.

[192]Gustafsson B, Li S. Economic transformation and the gender earnings gap in urban China[J]. Population Economics,2002 (13):305-329.

[193]Hahn R W. The economic analysis of regulation: A response to the critics [J]. University of Chicago Law Review, 2004, 71(3): 1021-1054.

[194]Halic A, Aktas R,Ksimoglm M. Human capital heterogeneity and organizational performance analysis[J]. Emerging Markets Journal, 2012(1):13-20.

[195]Hansson P , Nan N L. Exports as an indicator on or promoter of

successful Swedish manufacturing firms in the 1990s [J]. Review of World Economics, 2004, 140(3):415-445.
[196]Hazarika G, Otero R. Foreign trade and the gender earnings differential in urban Mexico[J]. Journal of Economic Integration, 2004(2):353-373.
[197]Helpman E , Itskhoki O, Redding S. Inequality and unemployment in a global economy [J]. Econometrica, 2010, 78(4): 1239-1283.
[198]Helpman E, Melitz M J, Yeaple S R. Export versus FDI with heterogeneous firms[J]. American Economic Review, 2004, 94(1): 300-316.
[199]Heyman F. Firm size or firm age? The effect on wages using matched employer ‐ Employee data [J]. Labor, 2010, 21(21):237-263.
[200]Holmes J, James A, Schmitz M. Managerial tenure, business age, and small business turnover[J]. Journal of Labor Economics, 1996(1): 79-99.
[201]Huergo E, Jaumandreu J. Firms' age, Process innovation and productivity growth [J]. International Journal of Industrial Organization, 2004(4):541-559.
[202]Hummels D, Ishii J, Yi K M. The nature and growth of vertical specialization in world trade[J]. Journal of International Economics, 2001(1):75-96.
[203]Imbens G W. Matching methods in practice: Three Examples[J]. Journal of Human Resources, 2015, 50 (2): 373-419.
[204]Isgut A. What's different about exports? Evidence from Columbian manufacturing [J]. Journal of Development studies, 2001(5):57-82.
[205]Johnson R C, Noguera G. Accounting for intermediates: Production sharing and trade in value added [J]. Journal of International Economics, 2012(2):224-236.
[206]Katz L F, Autor D H. Changes in the wage structure and earnings

inequality[J]. Handbook of Labor Economics,1993,3(3):1463-1555.

[207]Kaygusuz K. Taxes and female labor supply[J]. Review of Economic Dynamics,2010,13(4):725-745.

[208]Kee H L, Tang H. Domestic value added in exports: Theory and firm evidence from China[J]. The American Economic Review,2016(6):1402-1436.

[209]Klein M W,Moser C, Urban D M. The contribution of trade to wage inequality:The role of skill, gender, and nationality[R]. National Bureau of Economic Research,2010.

[210]Krishna P. Wage effects of trade reform with endogenous worker mobility [J]. Journal of International Economics, 2011, 93(2): 239-252.

[211]Krueger A B, Summers L. Efficiency wages and the inter-industry wage structure[J]. Econometrica, 1988,56(2): 259-294.

[212]Krugman P. Scale economies, product differentiation,and the pattern of trade[J]. American Economic Review,1980(70):950-959.

[213]Kugler M, Verhoogen E. Prices, plant size, and product quality [J]. Review of Economic Studies, 2011, 79(1):307-339.

[214]Lallemand T, Plasman R, Rycx F. The establishment-size wage premium: Evidence from European countries[J]. Empirica, 2007,34(5):427-451.

[215]Lawrence R Z, Slaughter M J, Hall R E, et al. International trade and American wages in the 1980s: Giant sucking sound or small hiccup? [J]. Brookings Papers on Economic Activity. 1993(2): 161-226.

[216]Leamer E. Trade, wages, and revolving door ideas [J]. NBER Working Papers,1994.

[217]Lechthaler W, Mileva M. Trade liberalization and wage inequality: New insights from a dynamic trade model with heterogeneous firms

and comparative advantage[J]. Review of World Economics,2019(3): 407-457.

[218]Lipsey R E . Foreign direct investment in the U. S. : Changes over three decades[J]. Social Science Electronic Publishing, 2001, 21(1): 1175-1193.

[219]Loecker D J, Warzynski F. Markups and firm-level export status[J]. The American Economic Review, 2012(6):2437-2471.

[220]Long N V, Riezman R, Soubeyran A. Trade, wage gaps, and specific human capital accumulation[J]. Review of International Economics, 2007,15(1):75-92.

[221]Macis M, Schivardi F, Exports and wages: Rent-sharing, workforce composition or returns to skills? [J]. Journal of Labor Economics, 2016,34(4):945-978.

[222]McDonald M, Solow R M. Wage bargaining and employment[J]. American Economic Review,1981(5):896-908.

[223]Melitz M J,Ottaviano G P. Market size,trade,and productivity[J]. Review of Economic Studies,2008,75(1):295-316.

[224]Melitz M J. The Impact of trade on intra-industry reallocations and aggregate industry productivity [J]. Econometrica, 2003, 71 (6): 1695-1725.

[225]Meng X, Shen K,Xue S. Economic reform education expansion, and earnings inequality for urban males in China, 1988—2009[J]. Journal of Comparative Economics,2013,41(1):227-244.

[226]Menon N , Rodgers Y . International trade and the gender wage gap: New evidence from India's manufacturing sector [J]. World Development, 2009, 37(5):965-981.

[227] Milner C, Tandrayen V. The impact of exporting and export destination on manufacturing wages:Evidence for sub-saharan Africa [J]. Social Science Electronic Publishing, 2010, 11(1):13-30.

[228]Munch J R, Skaksen J R. Human capital and wages in exporting firms [J]. Journal of International Economics,2006,75(2):363-372.

[229]Murphy K M, Riddell W C, Romer P M. Wages, Skills and Technology in the United States and Canada[R]. Cambridge, MA: National Bureau of Economic Research, 1998: 6638.

[230]Neumark D, Wascher W. Employment effects of minimum and subminimum wages: Panel data on state minimum wage laws[J]. Industrial & Labor Relations Review, 1992, 46(1):55-81.

[231]OI Y, Idon T. Firm size and wages [J]. Handbook of Labor Economics,1999,3(99):2165-2214.

[232]Onaran O, Stockhammer M. The effect of FDI and foreign trade on wages in the central and eastern European countries in the post-transition Era:A sectoral analysis for the manufacturing industry [J]. Structural Change and Economic Dynamics,2008(19):66-80.

[233]Parro F. Capital-Skill complementarity and the skill premium in a quantitative model of trade [J]. American Economic Journal-macroeconomics, 2013,5(2):72-117.

[234]Poncet S, Hering L. Market access and individual wages: Evidence from China[J]. Review of Economics & Statistics, 2010(1):145-159.

[235]Ramamurthy S, Sedgley N. Human capital choice and the wage gap: The role of worklife expectancy and statistical discrimination[J]. Journal of Labor Research,2015,36(2):1-13.

[236]Rankin N,Schoer V. Export destination,product quality and wages in a middle-income country. The case of South Africa[J]. Review of Development Economics,2013,17(1):64-73.

[237]Rebitze J B, Taylor L J. The consequences of minimum wage laws: Some new theoretical ideas[J]. Journal of Public Economics, 1995 (2):245-255.

[238]Riley R, Bondibene C R. Raising the standard: Minimum wages and

firm productivity[J]. Labour Economics,2017(44):27-50.
[239]Ritter M. Trade and inequality in a directed search model with firm and worker heterogeneity[J]. Social Science Electronic Publishing, 2012, 48(5):1902-1916.
[240]Roland M, Rose S. Human capital and wages in exporting firms[J]. Journal of International Economics, 2008,75(2):363-372.
[241]Sampson P. Selection into trade and wage inequality[J]. American Economic Journal Microeconomics, 2014,6(3):157-202.
[242]Sattinger M. Comparative advantage and the distributions of earnings and abilities[J]. Econometrica, 1975, 43(3):455-468.
[243]Schank T, Schnabel C, Wagner J. Do exporters really pay higher wages? First evidence from German linked employer-employee data [J]. Journal of International Economics, 2007,72(1):52-74.
[244]Shapiro C, Stiglitz J. Equilibrium unemployment as a worker discipline device[J]. American Economic Review, 1984(72):433-444.
[245]Sheng L, Yang D T. The Ownership Structure of Off shoring and Wage Inequality: Theory and Evidence from China[R]. Job Market Paper, Nov 14, 2011(7):1-68.
[246]Sinani E, Meyer K. Spillovers of technology transfer from FDI: The case of Estonia[J]. Journal of Comparative Economics, 2004(32): 445-466.
[247]Topel R H. Factor proportions and relative wages: The supply-side determinants of wage inequality [J]. Journal of Economic Perspectives, 1997, 11(2):55-74.
[248]Tsou M W, Liu J T, Hammitt J K, et al. Exporting and productivity growth: Evidence from the Taiwan electronics plants[J]. Scottish Journal of Political Economy, 2008, 55(2): 190-209.
[249]Tybout R J R. The decision to export in colombia: An empirical model of entry with sunk cost [J]. American Economic Review,

1997, 87(4):545-564.

[250]Verhoogen E. Trade, quality upgrading and wage inequality in the Mexican manufacturing sector [J]. Quarterly Journal of Economics, 2008, 123(2):489-530.

[251]Wadhwani S B, Wall M. A direct test of the efficiency wage model using UK micro-data [J]. Oxford Economic Papers, 1991 (4): 529-548.

[252]Wang Z, Wei S J. and Zhu K F. Quantifying international production sharing at the bilateral and sector levels[R]. NBER Working Papers, 2013.

[253]Westphal L E, Rhee Y W, Pursell G. Sources of technological capability in South Area[M]//Technological Capability in the Third World. London: Palgrave Macmillan, 1984:163-279.

[254] Whank U. Skilled-Laborintensity differences across firms, endogenous product quality,and wage inequality[J]. Open Economies Review, 2016,27(2):251-292.

[255] Yeaple S R. Firm heterogeneity and the structure of U. S. multinational activity: An empirical analysis [J]. Journal of International Economics, 2009, 78(2):206-215.

[256]Yi K M. Can vertical specialization explain the growth of world trade? Journal of Political Economy[J]. Journal of Political Economy, 2003 (1): 52-102.

[257]Zhou L. Why do exporting firms pay higher wages? [M]. Atlanta, GA: Emory University, 2003.

后　记

光阳荏苒，时光飞逝。转眼之间，博士研究生学习生涯即将结束，回首五年的求学时光，真是一言难尽。2015 年 9 月，我来到浙江工商大学经济学院，开始了博士研究生的求学之旅。经过一年的脱产学习和四年的在职学习后，我终于完成了博士学位论文。在这个特殊时刻，向所有陪伴过我的恩师、同学、朋友、家人表示衷心的感谢！

首先，最感谢的人是导师孙敬水教授。成为孙老师的学生，让我的"读博梦"变为了现实。在读博的前一年，我考博的分数也达到了当年的录取水准，但是因为种种原因没有被录取。第二年我再次选择考博，在初试与复试均名列前茅的情况下，我荣幸地成为孙老师的博士生弟子。在读博过程中，从小论文的写作，到大论文的选题、结构安排、计量模型构建、文字处理方法甚至是参考文献的选择，老师都给了我事无巨细的指导。除了对我们的学习过程严格负责，老师自己也一直保持着勤奋拼搏的学习态度。他敏锐的洞察力，活跃的学术思想，渊源的学术知识，精益求精的工作作风，深深地感染并激励着我。得此良师，如沐春风。聊聊数语不足以表达我内心深处的敬意与感激，在此谨向孙老师致以最诚挚的谢意和崇高的敬意！

其次，衷心感谢在读博过程中对我有过重要帮助和殷殷鼓励的老师们。我是跨专业报考国际贸易学博士生的，因此理论基础相对薄弱。博一上国际贸易理论专业课时，我一度陷入了茫然和困惑。授课老师马淑琴教授一直鼓励我，说我的学习悟性好，只要努力是赶得上来的。在马老师亲切关怀下，我终于用较短的时间学习了古典贸易理论、新古典贸易理论等前期知识。开始接触新新贸易理论后，我又开始无所适从。另一位国贸专业博导刘文革教授给了我至关重要的帮助，我对着刘教授的讲稿，系统地学习了新新贸易理论中六个经典模型的推导过程，由此完成了博士论文的理论推导部分。在专业学习方面，马教授和刘教授对我的帮助是最大的，在此向两位老师致以深深的谢意。此外，我也感谢我的其他授课老师们——顾文涛教授、陈宇峰教授、赵连阁教授、陈永伟教授、朱勤教授、谢杰教授、李怀政教授、陈明瑶教授等。感谢你们对我学习过程中的无私教诲与帮助。

最后，感谢嘉兴学院中国共同富裕研究院对本书的鼎力支持。我在2021年5月加入研究院的研究团队、参与研究项目，良好的学术氛围、高层次的学术平台与高质量的学术交流令我受益匪浅。本书以我的博士论文为基础，在研究院众多学术名家指导和文雁兵院长等研院同仁帮助下，进行了多次修改与拓展，如今得以顺利出版，在此深表感谢！

人生一路走来，总有一些永生难忘的美好时刻、太多太多需要感谢的人，纵有千言万语，也难以完全倾诉此刻的感恩之情。在今后的人生旅途中，我将承载着你们的关爱和期望，奋力拼搏，积极进取，尽自己最大的努力回报所有关心、帮助和支持我的人们！在自己有限的余生里，我会谨遵自己心中的明灯，认真做事，努力创造最大的价值，为生命的美好和光明贡献出自己毕生之力！

丁宁

2021年10月6日

图书在版编目(CIP)数据

中国企业出口与工资溢价动态发展研究 / 丁宁著
. —杭州：浙江大学出版社，2022.5
ISBN 978-7-308-22492-5

Ⅰ.①中… Ⅱ.①丁… Ⅲ.①国际贸易－影响－工资－研究－中国②出口贸易－影响－工资－研究－中国
Ⅳ.①F249.24

中国版本图书馆 CIP 数据核字(2022)第 058291 号

中国企业出口与工资溢价动态发展研究
丁 宁 著

策划编辑 曲 静
责任编辑 许艺涛
责任校对 陈思佳
封面设计 雷建军
出版发行 浙江大学出版社
(杭州市天目山路 148 号 邮政编码 310007)
(网址：http://www.zjupress.com)
排 版 浙江时代出版服务有限公司
印 刷 浙江新华数码印务有限公司
开 本 710mm×1000mm 1/16
印 张 13.5
字 数 207 千
版 印 次 2022 年 5 月第 1 版 2022 年 5 月第 1 次印刷
书 号 ISBN 978-7-308-22492-5
定 价 68.00 元